U0943114

◎爱问法律百科系列丛书◎

丛书主编 · 严威

关注热点

简明易懂

法律思维

法律百科

干部必知法律常识

赵琳◎著

中国法制出版社
CHINA LEGAL PUBLISHING HOUSE

第一章　依法治国

第二章　宪　法

第三章　立法法及选举法

第四章　行政法

第五章 公务员法

第六章　监察法

第七章 刑 法

第八章 国家赔偿法

第九章　国家安全法与保密法

第十章　社会保险法

第十一章　党内法规

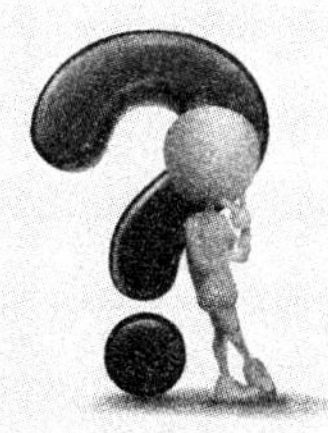

第一章

CHAPTER 1

依法治国

1 中国特色社会主义法治体系的含义是什么？

中国共产党第十八届四中全会通过的《中共中央关于全面推进依法治国若干重大问题的决定》指出，全面推进依法治国，总目标是建设中国特色社会主义法治体系，建设社会主义法治国家。也就是在中国共产党领导下，坚持中国特色社会主义制度，贯彻中国特色社会主义法治理论，形成完备的法律规范体系、高效的法治实施体系、严密的法治监督体系、有力的法治保障体系，形成完善的党内法规体系，坚持依法治国、依法执政、依法行政共同推进，坚持法治国家、法治政府、法治社会一体建设，实现科学立法、严格执法、公正司法、全民守法，促进国家治理体系和治理能力现代化。实现这个总目标，必须坚持中国共产党的领导，坚持人民主体地位，坚持法律面前人人平等，坚持依法治国和以德治国相结合，坚持从中国实际出发。

2 社会主义法治理念的内容是什么？

社会主义法治理念是中国共产党作为执政党，从社会主义现代化建设事业的现实和全局出发，借鉴世界法治经验，对近现代特别是改革开放以来中国经济、社会和法治发展的历史经验的总结。社会主义法治理念包含五个方面的内容:(1)依法治国的理念，这是我们党提出的建设社会主义国家的基本方略，也是社会主义法治的核心内容。要求政法机关和政法干警必须不断提高法律素养，切实增强法制观念，坚持严格执法，模范遵守法律，自觉接受监督，时时处处注意维护法律的权威和尊严。在全社会和全体公民中养成自觉尊重法律、维护法律权威、严格依法办事的思想意识。(2)执法为民的理念，这是社会主义法治的本质要求。执法为民是我们党“立党为公、执政为民”执政理念的必然要求。执法为民要以邓小平理论和“三个代表”重要思想为指导，把实现好、维护好、发展好最广大人民的根本利益，作为政法工作的根本出发点和落脚点，在各项政法工作中真正做到以人为本、执法为民，切实保障人民群众的合法权益。(3)公平正义的理念，这是社会主义法治理念的价值追求。公平正义是人类社会文明进步的重要标志，是社会主义和谐社会的首要任务。公平正义的首要内涵是法律面前人人平等;公平正义的内在品质是合法合理;实现公平正义的方式和载体是程序正当;及时高效是衡量公平正义的重要尺度。公平正义是政法工作的生命线，是社会主义法治的首要目标。要求政法干警必须秉公执法、维护公益、摒弃邪恶、弘扬正气、克服己欲、排除私利，坚持合法合理原则、平等对待原则、及时高效原则、程序公正原则，维护社会的公平正义。（4）服务大局的理念，这是社会主义法治的重要使命，是由社会主义法律本质和法治工作的性质所决定的。这要求各级政法机关和政法干警，必须紧紧围绕党和国家大局开展工作，立足本职，全面正确履行职责，致力于推进全面建设小康社会进程，努力创造和谐稳定的社会环境和公正高效的法治环境。（5）党的领导的理念，中国共产党的领导是中国特色社会主义最本质的特征，是社会主义法治的根本保证。党的领导包括政治领导、思想领导、组织领导。要自觉地把坚持党的领导、巩固党的执政地位和维护社会主义法治统一起来，把贯彻落实党的路线方针政策和严格执法统一起来，把加强和改进党对政法工作的领导与保障司法机关依法独立行使职权统一起来，始终坚持正确的政治立场，忠实履行党和人民赋予的神圣使命。

3 什么是依法治国？

依法治国就是依照法律来治理国家。依法治国是依照体现人民意志和社会发展规律的法律治理国家，而不是依照个人意志、主张治理国家；要求国家的政治、经济运作、社会各方面的活动统统依照法律进行，而不受任何个人意志的干预、阻碍或破坏。

党的十八届四中全会通过的《中共中央关于全面推进依法治国若干重大问题的决定》指出，依法治国是坚持和发展中国特设社会主义的本质要求和重要保障，是实现国家治理体系和治理能力现代化的必然要求，事关我们党执政兴国，事关人民幸福安康，事关党和国家长治久安。全面推进依法治国，是以习近平同志为总书记的党中央从坚持和发展中国特色社会主义出发、为更好治国理政提出的重大战略任务，是事关我们党执政兴国的一个全局性问题。

4 依法治国的意义是什么？

近平同志强调：治理一个国家、一个社会，关键是要立规矩、讲规矩、守规矩。法律是治国理政最大最重要的规矩。他说：我国是一个有十三亿多人口的大国，地域辽阔，民族众多，国情复杂。我们党在这样一个大国执政，要保证国家统一、法制统一、政令统一、市场统一，要实现经济发展、政治清明、文化昌盛、社会公正、生态良好，都需要秉持法律这个准绳、用好法治这个方式。这是党的十八大明确全面建成小康社会奋斗目标、十八届三中全会部署全面深化改革之后，党中央紧接着在四中全会部署全面推进依法治国工作的基本考虑。

依法治国的意义有：（1）依法治国是中国共产党领导人民治

理国家的基本方略。坚持党的领导，是保证国家能够沿着社会主义方向前进，各项制度和方针、政策能够符合全体人民的意志和利益的根本条件。依法治国是中国共产党执政方式的重大转变，有利于加强和改善党的领导。只有依靠法治，才能夯实我党的执政基础，巩固执政地位。（2）依法治国是建设社会主义法治国家，是人民当家做主的根本保证。我国是工人阶级领导的、以工农联盟为基础的人民民主专政的社会主义国家，国家一切权力属于人民。（3）依法治国是发展社会主义市场经济和扩大对外开放的客观需要。市场经济的发展，必须有法治的规范和保护，通过法治来维护市场秩序，规范市场行为，保证市场主体之间的平等、自由的交易，实现资源的优化配置等。（4）依法治国是社会文明进步的显著标志，是国家长治久安的重要保障。当公民之间产生纠纷时，可以通过法律的手段来维护自己的权益。（5）依法治国是民主政治的必然要求，也是现代政治文明的基本标志。（6）依法治国是建设中国特色社会主义文化的重要条件。

5 全面推进依法治国必须坚持哪些基本原则？

全面推进依法治国是国家治理领域的一场深刻革命。全面推进依法治国必须要坚持的基本原则包括：（1）坚持中国共产党的领导。党的领导是中国特色社会主义最本质的特征，是社会主义法治最根本的保证。党的领导和社会主义法治是一致的，社会主义法治必须坚持党的领导，党的领导必须依靠社会主义法治。（2）坚持人民主体地位。人民是依法治国的主体和力量源泉，法治建设以保障人民根本权益为出发点和落脚点，人民代表大会制度是保证人民当家作主的根本政治制度。法律一方面规范公民的行为，另一方面保障公民的权利。对此，坚持人民主体原则，增强公民知法、懂法、守法、用法的意识。（3）坚持法律面前人人平等。任何组织和个人都必须尊重宪法法律权威，都必须在宪法法律范围内活动，都必须依照宪法法律行使权力或权利、履行职责或义务，都不得有超越宪法法律的特权。（4）坚持依法治国和以德治国相结合。法律和道德都具有规范社会行为、调节社会关系、维护社会秩序的作用。在新的历史条件下，我们要把依法治国基本方略、依法执政基本方式落实好，把法治中国建设好，必须坚持依法治国和以德治国相结合，使法治和德治在国家治理中相互补充、相互促进、相得益彰，推进国家治理体系和治理能力现代化。（5）坚持从中国实际出发。中国特色社会主义道路、理论体系、制度是全面推进依法治国的根本遵循。

6 为什么要成立中央全面依法治国委员会？

2017 年 10 月 18 日，习近平总书记在十九大报告中指出，成立中央全面依法治国领导小组，加强对法治中国建设的统一领导。习近平总书记 2018 年 8 月 24 日在中央全面依法治国委员会第一次会议上的讲话中指出："党中央决定组建中央全面依法治国委员会，这是我们党历史上第一次设立这样的机构，目的是加强党对全面依法治国的集中统一领导，统筹推进全面依法治国工作。"党中央决定成立中央全面依法治国委员会，具有十分重要的意义。（1）加强党对全面依法治国集中统一领导的需要。成立全面依法治国委员会，就是要进一步健全党领导全面依法治国的制度和工作机制，强化党中央在科学立法、严格执法、公正司法、全民守法等方面的领导，更加有力地推动党中央决策部署的贯彻落实。（2）协调推进中国特色社会主义法治体系和社会主义法治国家建设的需要。成立全面依法治国委员会，其目的就是要对涉及立法、执法、司法、守法等各个环节作出总体安排，从党中央层面做好全面依法治国的统筹协调，更好推动解决部门、地方解决不了的重大事项，协调部门、地方之间存在分歧的重大问题。（3）推动实现中华民族伟大复兴中国梦的需要。历史和现实都告诉我们，法治兴则国兴，法治强则国强。我们党执政 60 多年来，虽历经坎坷但对法治矢志不渝，从"五四宪法"到前不久新修订的宪法；从"社会主义法制"到"社会主义法治"；从"有法可依、有法必依、执法必严、违法必究"到"科学立法、严格执法、公正司法、全民守法"，我们党越来越深刻认识到，治国理政须臾离不开法治。

7 如何深化依法治国实践？

根据十九大报告中的内容，深化依法治国实践要做到：全面依法治国是国家治理的一场深刻革命，必须坚持厉行法治，推进科学立法、严格执法、公正司法、全民守法。成立中央全面依法治国领导小组，加强对法治中国建设的统一领导。加强宪法实施和监督，推进合宪性审查工作，维护宪法权威。推进科学立法、民主立法、依法立法，以良法促进发展、保障善治。建设法治政府，推进依法行政，严格规范公正文明执法。深化司法体制综合配套改革，全面落实司法责任制，努力让人民群众在每一个司法案件中感受到公平正义。加大全民普法力度，建设社会主义法治文化，树立宪法法律至上、法律面前人人平等的法治理念。各级党组织和全体党员要带头尊法学法守法用法，任何组织和个人都不得有超越宪法法律的特权，绝不允许以言代法、以权压法、逐利违法、徇私枉法。

8 如何做到深化行政执法体制改革？

根据《中共中央关于全面推进依法治国若干重大问题的决

定》中的规定，深化行政执法体制改革应做到:（1）根据不同层级政府的事权和职能，按照减少层次、整合队伍、提高效率的原则，合理配置执法力量。（2）推进综合执法，大幅减少市县两级政府执法队伍种类，重点在食品药品安全、工商质检、公共卫生、安全生产、文化旅游、资源环境、农林水利、交通运输、城乡建设、海洋渔业等领域内推行综合执法，有条件的领域可以推行跨部门综合执法。（3）完善市县两级政府行政执法管理，加强统一领导和协调。理顺行政强制执行体制。理顺城管执法体制，加强城市管理综合执法机构建设，提高执法和服务水平。（4）严格实行行政执法人员持证上岗和资格管理制度，未经执法资格考试合格，不得授予执法资格，不得从事执法活动。严格执行罚缴分离和收支两条线管理制度，严禁收费罚没收入同部门利益直接或者变相挂钩。（5）健全行政执法和刑事司法衔接机制，完善案件移送标准和程序，建立行政执法机关、公安机关、检察机关、审判机关信息共享、案情通报、案件移送制度，坚决克服有案不移、有案难移、以罚代刑现象，实现行政处罚和刑事处罚无缝对接。

9 如何强化对行政权力的制约和监督?

根据《中共中央关于全面推进依法治国若干重大问题的决

定》中的规定，强化对行政权力的制约和监督应做到：（1）加强党内监督、人大监督、民主监督、行政监督、司法监督、审计监督、社会监督、舆论监督制度建设，努力形成科学有效的权力运行制约和监督体系，增强监督合力和实效。（2）加强对政府内部权力的制约，是强化对行政权力制约的重点。对财政资金分配使用、国有资产监管、政府投资、政府采购、公共资源转让、公共工程建设等权力集中的部门和岗位实行分事行权、分岗设权、分级授权，定期轮岗，强化内部流程控制，防止权力滥用。完善政府内部层级监督和专门监督，改进上级机关对下级机关的监督，建立常态化监督制度。完善纠错问责机制，健全责令公开道歉、停职检查、引咎辞职、责令辞职、罢免等问责方式和程序。（3）完善审计制度，保障依法独立行使审计监督权。对公共资金、国有资产、国有资源和领导干部履行经济责任情况实行审计全覆盖。强化上级审计机关对下级审计机关的领导。探索省以下地方审计机关人财物统一管理。推进审计职业化建设。

10 如何健全依法维权和化解纠纷机制？

根据《中共中央关于全面推进依法治国若干重大问题的决定》中的规定，健全依法维权和化解纠纷机制应做到：（1）强化法律在维护群众权益、化解社会矛盾中的权威地位，引导和支持人们理性表达诉求、依法维护权益，解决好群众最关心最直接最现实的利益问题。(2) 构建对维护群众利益具有重大作用的制度体系，建立健全社会矛盾预警机制、利益表达机制、协商沟通机制、救济救助机制，畅通群众利益协调、权益保障法律渠道。把信访纳入法治化轨道，保障合理合法诉求依照法律规定和程序就能得到合理合法的结果。(3) 健全社会矛盾纠纷预防化解机制，完善调解、仲裁、行政裁决、行政复议、诉讼等有机衔接、相互协调的多元化纠纷解决机制。加强行业性、专业性人民调解组织建设，完善人民调解、行政调解、司法调解联动工作体系。完善仲裁制度，提高仲裁公信力。健全行政裁决制度，强化行政机关解决同行政管理活动密切相关的民事纠纷功能。(4) 深入推进社会治安综合治理，健全落实领导责任制。完善立体化社会治安防控体系，有效防范化解管控影响社会安定的问题，保障人民生命财产安全。依法严厉打击暴力恐怖、涉黑犯罪、邪教和黄赌毒等违法犯罪活动，绝不允许其形成气候。依法强化危害食品药品安全、影响安全生产、损害生态环境、破坏网络安全等重点问题治理。

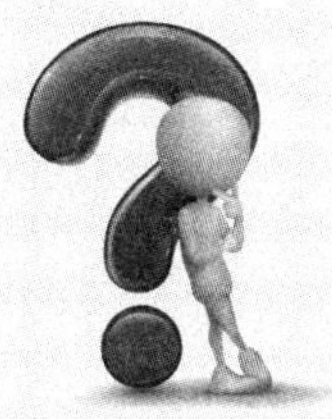

第二章

CHAPTER 2

宪　法

11 宪法的基本原则有哪些?

（1）党的领导原则。《宪法》第一条第二款规定，中国共产党领导是中国特色社会主义最本质的特征。我国宪法对中国共产党领导地位和执政地位的规定，既是对中国共产党领导各族人民在革命、建设和改革各个历史时期奋斗成果的确认，也是对我国国家性质和根本制度的确认，集中体现了党的主张和人民意志的高度统一。

（2）人民主权原则。《宪法》第二条第一款规定，中华人民共和国的一切权力属于人民。我国的国家权力不属于哪个个人或者哪个群体，而属于全体人民。人民通过全国人民代表大会和地方各级人民代表大会行使国家权力，并不是每个人都可以直接行使国家权力，但国家权力始终属于全体人民。

（3）人权保障原则。《宪法》第三十三条第三款规定，国家尊重和保障人权。宪法第二章专章规定了“公民的基本权利和义务”，实现了“人权”与“公民的基本权利”在内涵上的有机统一，完善了公民基本权利的原则规定。人权保障原则体现了国家更加充分、全面地尊重、实现和保障人权，并提供了强有力的宪法保障。

（4）法治原则。《宪法》第五条第一款规定，中华人民共和国实行依法治国，建设社会主义法治国家。我们要做到“有法可依、有法必依、执法必严、违法必究”。一切违反宪法和法律的行为都要受到追究，任何组织和个人都不得有超越宪法和法律的特权。

（5）民主集中制原则。《宪法》第三条第一款规定，中华人民共和国的国家机构实行民主集中制的原则。民主集中制是指在民主基础上的集中和集中指导下的民主相结合的制度。全国人民代表大会和地方各级人民代表大会是由民主选举产生，代表人民行使国家权力，这也必然要求对人民负责并受到人民的监督。同样，国家行政机关、监察机关、审判机关、检察机关都由人民代表大会产生，需要对它负责，受它监督。

12 我国的基本经济制度是什么？

《宪法》第六条第二款规定，国家在社会主义初级阶段，坚持公有制为主体、多种所有制经济共同发展的基本经济制度。该条从根本大法确定了我国的基本经济制度。我国处于社会主义初级阶段的基本国情决定了公有制为主体，多种所有制经济共同发展是我国的基本经济制度。公有制是生产资料归劳动者共同所有的形式，不得对生产资料进行排他性占有。生产资料的社会主义公有制是社会主义的根本经济特征，是社会主义经济制度的基础，是国家引导、推动经济和社会发展的基本力量，是实现最广大人民群众根本利益和共同富裕的重要保证。公有制经济包括国有经济、集体经济、混合所有制中的国有成分和集体成分。其中，国有经济是国民经济的主导力量，控制国民经济命脉，对经济发展起主导作用；集体经济是公有制经济的重要组成部分，生产资料归部分劳动者所有，包括城镇集体所有制经济和农村集体所有制经济；混合所有制中的国有成分和集体成分都属于公有制经济；多种所有制经济中还包括个体经济、私营经济、中外合资经济等。

13 我国的分配制度是什么？

分配制度是指劳动产品在社会主体中如何分割、配给制度的总称。《宪法》第六条第二款规定，坚持按劳分配为主体、多种分配方式并存的分配制度。该条从根本大法上明确了我国的分配制度。我国现阶段生产力水平低下，各个地区发展不平衡，不同区域采用不同的生产和经营方式。生产决定分配，生产经营方式的多元化导致我国不可能实行单一的分配方式。按劳分配通俗来讲就是多劳多得，少劳少得。在社会主义市场经济的环境下，如果只是按劳分配，那么在分配方面也会出现各种问题。市场经济条件下，资本、劳动力、土地、技术等多种生产要素在生产过程中各自发挥了不可替代的作用，这也要求我们实行多种分配方式，而不能单一地按劳分配。属于不同所有者的生产要素，根据生产要素的贡献多少，确定所有者最终获得的收入，这样不仅能够激励所有者积极地把生产要素投入生产，提高生产要素的利用率，而且也有利于生产力的提高和社会经济的发展。

14 国家在什么情况下可以对土地进行征收或征用？

我国的土地所有权归国家或集体所有，个人不能享有土地所有权，只能享有土地的使用权。个人在一定期限内享有的土地使用权，国家、集体、他人均不得随意干涉。国家非经法定理由和法定程序不能征收或征用个人或组织合法使用土地。《宪法》第十条第三款规定，国家为了公共利益的需要，可以依照法律规定对土地实行征收或者征用并给予补偿。因此，国家若要征收或者征用土地，应是为了公共利益的需要。公共利益不是哪一个人的利益，而是指不特定的社会成员所享有的共同利益。此外，国家对土地的征收或者征用必须按照法律规定的程序进行，不能违反法律规定的程序。国家也不能无条件地征收或者征用土地，对于因为公共利益而征收或者征用的土地，国家也需要给予补偿。

15 我国如何发展社会主义教育事业？

社会发展需要各种人才，而人才的培养离不开教育。教育不仅是培养人才的一种方式，同时还能提高人民的思想教育素质和科学文化素质，促进人的全面发展。大力发展教育事业是发挥我国人力资源优势、建设创新型国家、加快推进社会主义现代化的必然选择。《宪法》第十九条规定："国家发展社会主义的教育事业，提高全国人民的科学文化水平。国家举办各种学校，普及初等义务教育，发展中等教育、职业教育和高等教育，并且发展学前教育。国家发展各种教育设施，扫除文盲，对工人、农民、国家工作人员和其他劳动者进行政治、文化、科学、技术、业务的教育，鼓励自学成才。国家鼓励集体经济组织、国家企业事业组织和其他社会力量依照法律规定举办各种教育事业。国家推广全国通用的普通话。"

学校是发展教育的重要场所，大多数人从学前教育到高等教育，从幼年到成年都是在学校度过，学校教育对人的影响很大。国家开办各种学校对个人的成长和对社会的发展都有着举足轻重的作用。虽然我国目前已经基本实现了九年义务教育普及，但还是存在文盲，我们还须进一步努力，争取早日扫除文盲。同时，部分群体虽能读写，但欠缺基础知识，如对基本的法律、健康常识等都不了解，需要进一步对他们开展教育，让他们接触到比较全面的知识。我们每个人都应积极投身国家的教育事业，为发展社会主义教育事业做出自己的贡献。

16 国家机关工作人员与人民之间的关系是怎样的?

国家机关的权力是人民通过宪法赋予的，国家工作人员是从人民中选拔而来的。国家机关和国家工作人员都与人民有着密切的联系。《宪法》第二十七条第二款规定，一切国家机关和国家工作人员必须依靠人民的支持，经常保持同人民的密切联系，倾听人民的意见和建议，接受人民的监督，努力为人民服务。该条强调了人民的支持对国家机关和国家工作人员的重要性，国家机关和国家工作人员工作的宗旨是全心全意为人民服务，所以在工作中，要同人民保持密切联系，倾听人民的意见，对人民群众遇到的问题要及时解决。人民的要求属于自己职责范围内的，要高效率地完成；不属于职责范围内的，应告知他们相关的责任部门。对人民的提问，要耐心、有礼貌地回答。国家机关及其工作人员的工作都受人民的监督，对人民的投诉，要及时作出处理。

17 民族乡是否属于民族自治地方？

民族自治地方是建立在实行民族区域自治地方的具有自治权力和地位的地方行政单位，民族自治地方拥有广泛的自治权。民族自治地方是实行民族区域自治的行政区域，民族自治地方在一定程度上反映了该地方的民族分布状况。《宪法》第三十条第三款规定，自治区、自治州、自治县都是民族自治地方。民族乡是在少数民族聚居的地方建立的乡级行政区域。民族乡是我国特有的、少数民族自己管理自己内部事务的、依法行使当家作主权利的一种基层政权形式，是解决我国散居、杂居少数民族问题的一种较好的政治管理形式，是民族区域自治制度的一种必要补充形式。因此自治区、自治州、自治县属于民族自治地方，而在县以下设立的民族乡并不属于民族自治地方。

18 公民享有选举权与被选举权应当具备哪些条件？

选举权是公民选举国家代表机关的代表与其他公职人员的权利。被选举权是公民被选举为国家代表机关的代表或者其他公职人员的权利。选举权和被选举权是公民的基本政治权利之一。并不是所有的公民都一律享有选举权和被选举权，而是符合一定条件的公民才能享有该权利。《宪法》第三十四条规定，中华人民共和国年满十八周岁的公民，不分民族、种族、性别、职业、家庭出身、宗教信仰、教育程度、财产状况、居住期限，都有选举权和被选举权；但是依照法律被剥夺政治权利的人除外。首先，选民必须年满 18 周岁，必须是完全民事行为能力人，可对自己做出的行为负责。不满 18 周岁的公民，一般来说是无民事行为能力人或者限制民事行为能力人，不能对自己的行为完全负责，所以不能参加选举。这是对享有选举权与被选举权人的年龄限制。其次，公民年满 18 周岁，无论什么背景，均不受限制，都应享有选举权和被选举权，但是被剥夺政治权利的人除外。

19 公民享有哪些监督权？

监督权是指公民有监督国家机关及其工作人员公务活动的权利。它是公民参政权中的一项不可缺少的内容。人民是国家的主人，对国家和社会的各项事务享有监督权。监督权包括公民直接行使的监督权和公民通过自己选举的国家代表机关的代表行使监督权。公民的很多权利都具有监督的性质。《宪法》第四十一条第一款、第二款规定：“中华人民共和国公民对于任何国家机关和国家工作人员，有提出批评和建议的权利；对于任何国家机关和国家工作人员的违法失职行为，有向有关国家机关提出申诉、控告或者检举的权利，但是不得捏造或者歪曲事实进行诬告陷害。对于公民的申诉、控告或者检举，有关国家机关必须查清事实，负责处理。任何人不得压制和打击报复。”

该条规定了公民的监督权包括批评权、建议权、控告权、检举权、申诉权。批评权是指公民对国家机关和国家工作人员在工作中的缺点、错误有提出批评建议的权利。国家工作人员的权力是人民赋予的，国家工作人员的工作宗旨是为人民服务，当其在工作中有不足的地方，公民当然有提出批评和建议的权利。控告、检举、申诉权是指公民对国家机关或国家工作人员的违法失职行为有提出控告、检举、申诉的权利。公民依法享有这些权利，但不能滥用，行使监督权须建立在一定事实的基础上，不能随意捏造或歪曲事实对国家机关或者工作人员进行诬告陷害。

20 全国人民代表大会代表能否被直接逮捕？

公民享有人身自由不受侵犯的权利，任何公民，非经人民检察院批准或者决定抑或人民法院决定，不受逮捕。全国人民代表大会代表也是公民，但并不能在经人民检察院批准或者决定抑或人民法院决定后，就直接对其进行逮捕。全国人民代表大会代表的人身受特别保护，无论是在全国人民代表大会开会期间，还是闭会期间，如果要对全国人民代表大会代表进行逮捕，必须经过全国人民代表大会主席团或是全国人民代表大会常务委员会许可。《宪法》第七十四条规定，全国人民代表大会代表，非经全国人民代表大会会议主席团许可，在全国人民代表大会闭会期间非经全国人民代表大会常务委员会许可，不受逮捕或者刑事审判。如果全国人民代表大会代表是现行犯被拘留，执行拘留的公安机关应当立即向全国人民代表大会主席团或者全国人民代表大会常务委员会报告。

21 哪些人员的罢免须经全国人民代表大会决定?

罢免是免去对任期未满的违法失职的工作人员的职务。《宪法》第六十三条规定，全国人民代表大会有权罢免下列人员：（1）中华人民共和国主席、副主席；（2）国务院总理、副总理、国务委员、各部部长、各委员会主任、审计长、秘书长；（3）中央军事委员会主席和中央军事委员会其他组成人员；（4）国家监察委员会主任；（5）最高人民法院院长；（6）最高人民检察院检察长。以上人员的任免均须由全国人民代表大会选举或者决定，如果这些人员在任期存在违法失职行为，不再适合担任以上职位需要被罢免时，应当由全国人民代表大会决定罢免，其他机关或者个人无权罢免以上人员。

22 国务院各部、各委员会的领导体制是什么?

《宪法》第九十条规定:“国务院各部部长、各委员会主任负责本部门的工作;召集和主持部务会议或者委员会会议、委务会议,讨论决定本部门工作的重大问题。各部、各委员会根据法律和国务院的行政法规、决定、命令,在本部门的权限内,发布命令、指示和规章。”因此,国务院各部、各委员会实行部长、主任负责制。各部部长、各委员会主任领导本部门的工作,召集和主持部务会议、委员会会议、委务会议,签署上报国务院的重要请示、报告和下达命令、指示。副部长、副主任协助部长、主任工作。

23 县人民代表大会代表是否由选民直接选举产生?

无论是全国人民代表大会还是地方各级人民代表大会代表的选举,均应当严格依照法定程序进行,并接受监督。任何组织或者个人都不得以任何方式干预选民或者代表自由行使选举权。我国占地面积广,人口众多,东部地区人口密集,西部地区人口稀疏。如果每一级的人民代表大会代表均由选民直接选出，并不符合我国现有的实际情况。我国的人民代表大会代表既有由选民直接选举产生的，也有不是由选民直接选举产生的。《宪法》第九十七条第一款规定，省、直辖市、设区的市的人民代表大会代表由下一级的人民代表大会选举；县、不设区的市、市辖区、乡、民族乡、镇的人民代表大会代表由选民直接选举。所以，县人民代表大会代表由选民直接选举产生。

24 我国人民法院的组织体系是什么?

中华人民共和国人民法院是国家的审判机关。《宪法》第一百二十九条第一款规定，中华人民共和国设立最高人民法院、地方各级人民法院和军事法院等专门人民法院。地方各级人民法院分为高级人民法院、中级人民法院、基层人民法院；专门人民法院包括军事法院、海事法院、铁路运输法院和森林法院等。不同层级的法院受案的范围是不同的，基层法院的受案范围最广，最高人民法院是最高审判机关，受理在全国有重大影响的案件。专门人民法院是人民法院组织体系中的一个特殊的组成部分，它们是设在特定的部门或针对特定案件而设立的，受理与设立部门相关的专业性案件的法院。上级人民法院与下级人民法院的关系是：最高人民法院监督地方各级人民法院和专门人民法院的审判工作，上级人民法院监督下级人民法院的审判工作。上级人民法院与下级人民法院只能是监督关系，不存在领导关系。最高人民法院对全国人民代表大会和全国人民代表大会常务委员会负责。地方各级人民法院对产生它的国家权力机关负责。

25 人民法院行使审判权的原则有哪些？

《宪法》第一百三十条规定，人民法院审理案件，除法律规定的特别情况外，一律公开进行。被告人有权获得辩护。该条文确立了公开审判原则和被告人有权获得辩护的原则。公开审判原则是指人民法院审理案件和宣告判决，公开进行，允许公民到法庭旁听，允许新闻记者采访报道，也就是把法庭的全过程，除了休庭评议之外都公之于众，但是涉及国家机密、个人隐私和未成年犯罪案件不得公开审判，这是公开审判原则的特殊规定。被告人有获得辩护的权利是指被告人除自己进行辩护外，有权委托律师为他辩护，也可由人民团体或被告人所在单位推荐的人为他辩护，还可以由被告人的监护人、亲友为他辩护。必要时，人民法院可以指定辩护人为他辩护。

《宪法》第一百三十一条规定。人民法院依照法律规定独立行使审判权，不受行政机关、社会团体和个人的干涉。该条文确立了依法独立审判的原则，人民法院独立行使审判权，不受行政机关、社会团体和个人的干涉。这可以使人民法院的审判工作忠于法律，不受其他因素的干扰，保护公民的权益平等地受到保护，不受任何侵犯。

公民适用法律一律平等原则。人民法院对一切案件中的当事人都必须平等地依据法律规定进行适用。既不得对当事人有偏见，不能给予任何人特权。

26 人民检察院的组织体系是什么？

中华人民共和国检察院是国家法律的监督机关。《宪法》第三十五条规定，中华人民共和国设立最高人民检察院、地方各级人民检察院和军事检察院等专门人民检察院。地方各级人民检察院分为省、自治区、直辖市人民检察院；省、自治区、直辖市人民检察院分院，自治州和省辖市人民检察院；县、市、自治县和市辖区人民检察院。专门人民检察院包括军事检察院等。省一级人民检察院和县一级人民检察院，根据工作需要，提请本级人民代表大会常务委员会批准，可以在工矿区、农垦区、林区等区域设置人民检察院，作为派出机构。

27 人民检察院的领导机制和责任机制是什么？

《宪法》第一百三十七条规定，最高人民检察院是最高检察机关。最高人民检察院领导地方各级人民检察院和专门人民检察院的工作，上级人民检察院领导下级人民检察院的工作。检察系统中实行最高人民检察院领导地方各级人民检察院和专门人民检察院的工作，上级人民检察院领导下级人民检察院的工作的领导体制。下级人民检察院必须接受上级人民检察院的领导和最高人民检察院的领导，对上级人民检察院负责。

《宪法》第一百三十八条规定，最高人民检察院对全国人民代表大会和全国人民代表大会常务委员会负责。地方各级人民检察院对产生它的国家权力机关和上级人民检察院负责。与人民法院不同的是，人民检察院既要对同级国家权力机关负责，又要对上级人民检察院负责。

28 人民法院、人民检察院和公安机关的关系如何？

《宪法》第一百四十条规定，人民法院、人民检察院和公安机关办理刑事案件，应当分工负责，互相配合，互相制约，以保证准确有效地执行法律。分工负责，互相配合，互相制约是公、检、法三机关在办理刑事案件时应遵循的基本行为准则，它对调整司法机关之间的基本关系具有宪法指导意义。分工负责是指三机关根据法律规定的责任，依照法定程序，各司其职，各尽其责；相互配合指三机关在分工负责的基础上，通力合作，互相支持，密切配合，依法办理刑事案件；相互制约是指三机关在分工配合的基础上，依照法律规定，相互监督，防止错案的发生，保证准确有效地执行法律。公安机关主要负责刑事案件的侦查、拘留、执行逮捕和预审的工作；检察机关主要负责检查批准逮捕、检查机关直接受理案件的侦查、提起公诉的工作；人民法院主要负责案件的审判工作，人民法院对检察机关提起公诉案件以及公民根据法律规定直接向人民法院起诉的案件，依照法律规定进行审理和作出判决。

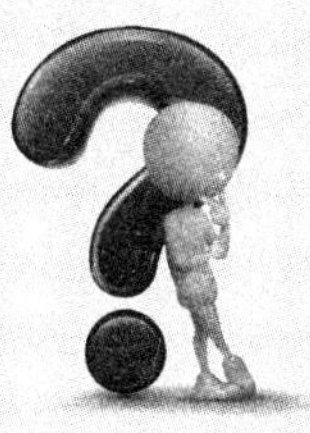

第三章

CHAPTER 3

立法法及选举法

29 立法活动应当遵循的原则有哪些?

立法是由特定的主体，依据一定职权和程序，运用一定技术，制定、认可和变动法律、法规等特定规范的活动。立法机关在立法时要遵循一定的原则。(1)《立法法》第四条规定，立法应当依照法定的权限和程序，从国家整体利益出发，维护社会主义法制的统一和尊严。立法机关在进行立法时，也要遵循法定的权限和程序，不能超越权限或违反程序而进行立法。(2)《立法法》第三条规定，立法应当遵循宪法的基本原则，以经济建设为中心，坚持社会主义道路、坚持人民民主专政、坚持中国共产党的领导、坚持马克思列宁主义毛泽东思想邓小平理论，坚持改革开放。宪法是国家的根本大法，宪法是其他一切法律的立法基础，其他法律是宪法的具体化。任何立法活动都不得违背宪法的基本原则。(3)《立法法》第五条规定，立法应当体现人民的意志，发扬社会主义民主，坚持立法公开，保障人民通过多种途径参与立法活动。我国是人民民主专政的社会主义国家，任何立法都应体现人民的意志。(4)《立法法》第六条规定，立法应当从实际出发，适应经济社会发展和全面深化改革的要求，科学合理地规定公民、法人和其他组织的权利与义务、国家机关的权力与责任。法律规范应当明确、具体，具有针对性和可执行性。立法应立足实际，根据现实的要求明确不同主体的权利和义务、权力和责任。

30 哪些事项只能由法律规定？

对于不同的事项，有的可以制定法律，有的可以制定行政法规，还有的可以制定地方性法规等。法律、行政法规、地方性法规等的制定主体和制定程序都存在区别。它们之间的规定发生冲突时，应当遵守上位法优于下位法的原则。因此，法律规定的内容不能同宪法相抵触。有些事项只能由法律规定，行政法规、地方性法规均不得对此作出规定。

《立法法》第八条规定，下列事项只能制定法律：（1）国家主权的事项；（2）各级人民代表大会、人民政府、人民法院和人民检察院的产生、组织和职权；（3）民族区域自治制度、特别行政区制度、基层群众自治制度；（4）犯罪和刑罚；（5）对公民政治权利的剥夺、限制人身自由的强制措施和处罚；（6）税种的设立、税率的确定和税收征收管理等税收基本制度；（7）对非国有财产的征收、征用；（8）民事基本制度；（9）基本经济制度以及财政、海关、金融和外贸的基本制度；

（10）诉讼和仲裁制度；（11）必须由全国人民代表大会及其常务委员会制定法律的其他事项。其中有关犯罪和刑罚、对公民政治权利的剥夺、限制人身自由的强制措施和处罚、司法制度等事项是法律的绝对保留事项，行政法规、地方性法规在任何情况下均不得对此作出规定。对《立法法》第八条规定的其他事项尚未制定法律的，全国人民代表大会及其常务委员会有权作出决定，授权国务院可以根据实际需要，对其中的部分事项先制定行政法规。

31 如何向全国人民代表大会提出法律案？

《立法法》第十四条、第十五条规定全国人民代表大会主席团、全国人民代表大会常务委员会、国务院、中央军事委员会、最高人民法院、最高人民检察院、全国人民代表大会各专门委员会、一个代表团或者三十名以上的代表联名可以向全国人民代表大会提出法律案。

其中，全国人民代表大会主席团提出的法律案，由全国人民代表大会会议审议；全国人民代表大会常务委员会、国务院、中央军事委员会、最高人民法院、最高人民检察院、全国人民代表大会各专门委员会提出的法律案，还须由主席团决定列入会议议程；一个代表团或者三十名以上的代表联名提出的法律案，由主席团决定是否列入会议议程，或者先交有关的专门委员会审议、提出是否列入会议议程的意见，再决定是否列入会议议程。向全国人民代表大会提出的法律案，在全国人民代表大会闭会期间，可以先向常务委员会提出，经常务委员会会议依照立法法的有关程序审议后，决定提请全国人民代表大会审议，由常务委员会向大会全体会议作说明，或者由提案人向大会全体会议作说明。

32 如何向全国人民代表大会常务委员会提出法律案?

《立法法》第二十六条、第二十七条规定委员长会议、国务院、中央军事委员会、最高人民法院、最高人民检察院、全国人民代表大会各专门委员会、常务委员会组成人员十人以上联名可以向常务委员会提出法律案。

其中，委员长会议提出的法律案，由常务委员会会议审议；国务院、中央军事委员会、最高人民法院、最高人民检察院、全国人民代表大会各专门委员会提出的法律案，由委员长会议决定列入常务委员会会议议程，或者先交有关的专门委员会审议、提出报告，再决定列入常务委员会会议议程。如果委员长会议认为法律案有重大问题需要进一步研究，可以建议提案人修改完善后再向常务委员会提出；常务委员会组成人员十人以上

联名提出的法律案，由委员长会议决定是否列入常务委员会会议议程，或者先交有关的专门委员会审议、提出是否列入会议议程的意见，再决定是否列入常务委员会会议议程。不列入常务委员会会议议程的，应当向常务委员会会议报告或者向提案人说明。

33 对法律案进行统一审议的程序是什么？

列入全国人民代表大会会议议程的法律案，由各代表团和有关的专门委员会进行审议，法律委员会根据各代表团和有关的专门委员会的审议意见，对法律案进行统一审议，向主席团提出审议结果报告和法律草案修改稿。必要时，主席团常务主席可以召开各代表团团长会议，就法律案中的重大问题听取各代表团的审议意见，进行讨论，并将讨论的情况和意见向主席团报告。主席团常务主席也可以就法律案中的重大的专门性问题，召集代表团推选的有关代表进行讨论，并将讨论的情况和意见向主席团报告。

列入常务委员会会议议程的法律案，由常务委员会分组会议、有关的专门委员会进行审议。法律委员会、有关的专门委员会和常务委员会工作机构应当听取各方面的意见。听取意见可以采取座谈会、论证会、听证会等多种形式。法律案有关问题专业性较强，需要进行可行性评价的，应当召开论证会，听取有关专家、部门和全国人民代表大会代表等方面的意见。论证情况应当向常务委员会报告。法律案有关问题存在重大意见分歧或者涉及利益关系重大调整，需要进行听证的，应当召开听证会，听取有关基层和群体代表、部门、人民团体、专家、全国人民代表大会代表和社会有关方面的意见。听证情况应当向常务委员会报告。法律委员会根据常务委员会组成人员、有关的专门委员会的审议意见和各方面提出的意见，对法律案进行统一审议，提出修改情况的汇报或者审议结果报告和法律草案修改稿。

34 制定法律解释的具体程序是什么？

法律解释是指一定的解释主体根据法定权限和程序，按照一定的标准和原则，对法律的含义以及法律所使用的概念、术语等进行进一步说明的活动。在我国，法律解释权属于全国人民代表大会常务委员会。当法律的规定需要进一步明确具体含义时和法律制定后出现新情况，需要明确适用法律依据时，全国人民代表大会常务委员会负责对法律进行解释。

国务院、中央军事委员会、最高人民法院、最高人民检察院和全国人民代表大会各专门委员会以及省、自治区、直辖市

的人民代表大会常务委员会可以向全国人民代表大会常务委员会提出法律解释要求。常务委员会工作机构研究拟订法律解释草案，由委员长会议决定列入常务委员会会议议程。法律解释草案经常务委员会会议审议，由法律委员会根据常务委员会组成人员的审议意见进行审议、修改，提出法律解释草案表决稿。法律解释草案表决稿由常务委员会全体组成人员的过半数通过，由常务委员会发布公告予以公布。最终全国人民代表大会常务委员会的法律解释具有与法律同等的效力。

35 自治条例和单行条例的生效时间是什么？

民族自治地方的人民代表大会有权依照当地民族的政治、经济和文化的特点，制定自治条例和单行条例。自治条例和单行条例可以依照当地民族的特点，对法律和行政法规的规定作出变通规定，但不得违背法律或者行政法规的基本原则，不得对宪法和民族区域自治法的规定以及其他有关法律、行政法规专门就民族自治地方所作的规定作出变通规定。自治区的自治条例和单行条例，报全国人民代表大会常务委员会批准后生效。自治州、自治县的自治条例和单行条例，报省、自治区、直辖市的人民代表大会常务委员会批准后生效。

36 规章的制定主体有哪些？

规章包括国务院部门规章和地方政府规章。（1）部门规章。国务院各部、委员会、中国人民银行、审计署和具有行政管理职能的直属机构，可以根据法律和国务院的行政法规、决定、命令，在本部门的权限范围内，制定规章。（2）地方政府规章。省、自治区、直辖市和设区的市、自治州的人民政府，可以根据法律、行政法规和本省、自治区、直辖市的地方性法规，制定规章。

37 制定规章要受到哪些限制？

（1）部门规章规定的事项应当属于执行法律或者国务院的行政法规、决定、命令的事项。没有法律或者国务院的行政法规、决定、命令的依据，部门规章不得设定减损公民、法人和其他组织权利或者增加其义务的规范，不得增加本部门的权力或者减少本部门的法定职责。

（2）地方政府规章规定的事项包括执行法律、行政法规、地方性法规的规定需要制定规章的事项和属于本行政区域的具体行政管理事项。没有法律、行政法规、地方性法规的依据，地方政府规章不得设定减损公民、法人和其他组织权利或者增

加其义务的规范。

无论是部门规章还是地方政府规章，在没有一定依据的情况下，均不得设定减损公民、法人及其他组织的权利或增加其义务的规范。

38 我国法律、法规的效力等级是怎样的？

不同机关制定的法律、法规的效力既有层次之分，又相互联系，从而构成一个完整的效力体系。宪法位于我国法律体系的最顶端，具有最高的法律效力，一切法律、行政法规和地方性法规都不得同宪法相抵触；全国人民代表大会和全国人民代表大会常务委员会制定和修改法律，法律的效力低于宪法；国务院根据宪法和法律，制定行政法规，行政法规的效力低于宪法、法律；地方性法规是根据本行政区域的实际情况作出的具体规定，适用范围在本行政区域内，效力低于宪法、法律、行政法规。在具体的适用过程中，上位法优先于下位法。

39 地方性法规和规章不一致时，如何适用？

部门规章之间、部门规章与地方政府规章之间具有同等效力，在各自的权限范围内施行。当地方性法规和规章不一致时，应具体情况具体分析。同一机关制定的新的一般规定与旧的特别规定不一致时，由制定机关裁决。地方性法规与部门规章对同一事项的规定不一致，不能确定如何适用时，由国务院提出意见，国务院认为应当适用地方性法规的，应当决定在该地方适用地方性法规的规定；认为应当适用部门规章的，应当提请全国人民代表大会常务委员会裁决。部门规章之间、部门规章与地方政府规章之间对同一事项的规定不一致时，由国务院裁决。

40 行政法规、地方性法规、自治条例和单行条例、规章应当如何报备案？

（1）行政法规报全国人民代表大会常务委员会备案；（2）省、自治区、直辖市的人民代表大会及其常务委员会制定的地方性法规，报全国人民代表大会常务委员会和国务院备案；设区的市、自治州的人民代表大会及其常务委员会制定的地方性法规，由省、自治区的人民代表大会常务委员会报全国人民代表大会常务委员会和国务院备案；（3）自治州、自治县的人民代表大会制定的自治条例和单行条例，由省、自治区、直辖市的人民代表大会常务委员会报全国人民代表大会常务委员会和国务院备案；自治条例、单行条例报送备案时，应当说明对法律、行政法规、地方性法规

作出变通的情况；（4）部门规章和地方政府规章报国务院备案；地方政府规章应当同时报本级人民代表大会常务委员会备案；设区的市、自治州的人民政府制定的规章应当同时报省、自治区的人民代表大会常务委员会和人民政府备案；（5）根据授权制定的法规应当报授权决定规定的机关备案；经济特区法规报送备案时，应当说明对法律、行政法规、地方性法规作出变通的情况。

41 选举委员会的职责有哪些？

人民代表大会代表的选举需要专门的选举机构来主持。具体而言，全国人民代表大会常务委员会主持全国人民代表大会代表的选举；省、自治区、直辖市、设区的市、自治州的人民代表大会常务委员会主持本级人民代表大会代表的选举；选举委员会则主持不设区的市、市辖区、县、自治县、乡、民族乡、镇人民代表大会代表的选举。

选举委员会在主持本级人民代表大会代表的选举时，需要履行一定的职责。根据《选举法》第十条的规定，选举委员会履行下列职责：（1）划分选举本级人民代表大会代表的选区，分配各选区应选代表的名额；（2）进行选民登记，审查选民资格，公布选民名单；受理对于选民名单不同意见的申诉，并作出决定；（3）确定选举日期；（4）了解核实并组织介绍代表候选人的情况；根据较多数选民的意见，确定和公布正式代表候选人名单；（5）主持投票选举；（6）确定选举结果是否有效，公布当选代表名单；（7）法律规定的其他职责。选举委员会应当及时公布选举信息。选举委员会的职责就是按照程序选取人民代表大会代表。

42 地方各级人民代表大会的代表名额是如何确定的？

地方各级人民代表大会的代表名额，由本级人民代表大会常务委员会或者本级选举委员会根据本行政区域所辖的下一级各行政区域或者各选区的人口数，按照每一代表所代表的城乡人口数相同的原则，以及保证各地区、各民族、各方面都有适当数量代表的要求进行分配。在县、自治县的人民代表大会中，人口特少的乡、民族乡、镇，至少应有代表一人。

具体的地方各级人民代表大会的代表名额确定如下：（1）省、自治区、直辖市的代表名额基数为三百五十名，省、自治区每十五万人可以增加一名代表，直辖市每二万五千人可以增加一名代表；但是，代表总名额不得超过一千名。（2）设区的市、自治州的代表名额基数为二百四十名，每二万五千人可以增加一名代表；人口超过一千万的，代表总名额不得超过六百五十名。（3）不设区的市、市辖区、县、自治县的代表名额基数为一百二十名，每五千人可以增加一名代表；人口超过

一百六十五万的，代表总名额不得超过四百五十名；人口不足五万的，代表总名额可以少于一百二十名。（4）乡、民族乡、镇的代表名额基数为四十名，每一千五百人可以增加一名代表；但是，代表总名额不得超过一百六十名；人口不足二千的，代表总名额可以少于四十名。（5）自治区、聚居的少数民族多的省，经全国人民代表大会常务委员会决定，代表名额可以另加百分之五。聚居的少数民族多或者人口居住分散的县、自治县、乡、民族乡，经省、自治区、直辖市的人民代表大会常务委员会决定，代表名额可以另加百分之五。

43 能否因不同意选民名单而向法院提起诉讼？

选民名单上登记的人都是有权行使选举权利的人。选民名单是按照选区进行登记的，不属于该选区或是被剥夺政治权利的人都不能登记在选民名单上。选民名单应当对外公布，当有人对公布的名单有不同意见时，可以提出申诉。选民名单是在选举日的二十日以前公布的，当有人对公布的选民名单有不同意见时，可以在选民名单公布之日起五日内向选举委员会提出申诉。选举委员会对申诉意见，应在三日内作出处理决定。申诉人如果对处理决定不服，可以在选举日的五日以前向人民法院起诉，人民法院应在选举日以前作出判决。人民法院的判决为最后决定。也就是说，对选民名单不同意的，要先进行申诉，对申诉不服的再向人民法院起诉。

44 代表候选人是如何确定的？

全国和地方各级人民代表大会的代表候选人，按选区或者选举单位提名产生。各政党、各人民团体，可以联合或者单独推荐代表候选人。全国和地方各级人民代表大会代表实行差额选举，代表候选人的人数应多于应选代表的名额。

由选民直接选举人民代表大会代表的，代表候选人由各选区选民和各政党、各人民团体提名推荐。选举委员会汇总后，将代表候选人名单及代表候选人的基本情况在选举日的十五日以前公布，并交各该选区的选民小组讨论、协商，确定正式代表候选人名单。如果所提代表候选人的人数超过《选举法》第三十条规定的最高差额比例，由选举委员会交各该选区的选民小组讨论、协商，根据较多数选民的意见，确定正式代表候选人名单；对正式代表候选人不能形成较为一致意见的，进行预选，根据预选时得票多少的顺序，确定正式代表候选人名单。

县级以上的地方各级人民代表大会在选举上一级人民代表大会代表时，提名、酝酿代表候选人的时间不得少于两天。各该级人民代表大会主席团将依法提出的代表候选人名单及

代表候选人的基本情况印发全体代表，由全体代表酝酿、讨论。如果所提代表候选人的人数符合《选举法》第三十条规定的差额比例，直接进行投票选举。如果所提代表候选人的人数超过《选举法》第三十条规定的最高差额比例，进行预选，根据预选时得票多少的顺序，按照本级人民代表大会的选举办法根据本法确定的具体差额比例，确定正式代表候选人名单，进行投票选举。

45 选民能否委托其他选民代为投票?

选民进行投票是其行使选举权的具体体现。选举权是每个选民专有的权利，不得转让。选民进行投票应在本选区进行。如果选民在选举期间恰好不在本选区，选民是否就不能行使自己的选举权了？不是的，《选举法》第四十一条规定，选民如果在选举期间外出，经选举委员会同意，可以书面委托其他选民代为投票。每一选民接受的委托不得超过三人，并应当按照委托人的意愿代为投票。首先，选民的选举权不会因为其在选举期间外出而不能行使，其可以委托其他选民代其投票。其次，选民要委托其他选民代为投票，必须经选举委员会同意，选民之间不得私下自行委托。再次，该委托必须是书面委托，不得口头委托。最后，受托人必须按照委托人的意愿来投票，不可违背委托人的意愿按照自己的意愿进行投票。

46 代表候选人当选代表需满足怎样的选票结果?

每次选举所投的票数只有等于或者少于投票人数的才有效。同样，每一选票所选的人数只有等于或者少于规定应选代表人数的才有效。在选民直接选举人民代表大会代表时，选区全体选民的过半数参加投票，选举有效。代表候选人当选代表，须获得参加投票的选民过半数的选票。

县级以上的地方各级人民代表大会在选举上一级人民代表大会代表时，代表候选人要当选代表，须获得全体代表过半数的选票。获得过半数选票的代表候选人的人数超过应选代表名额时，以得票多的当选。如遇票数相等不能确定当选人时，应当就票数相等的候选人再次投票，以得票多的当选。获得过半数选票的当选代表的人数少于应选代表的名额时，不足的名额另行选举。

另行选举时，根据第一次投票时得票多少的顺序，按照《选举法》规定的差额比例，确定候选人名单。如果只选一人，候选人应为二人。另行选举县级和乡级的人民代表大会代表时，代表候选人以得票多的当选，但是得票数不得少于选票的三分之一；县级以上的地方各级人民代表大会在另行选举上一级人民

代表大会代表时，代表候选人当选代表，需获得全体代表过半数的选票。

47 选民或者选举单位是否有权罢免自己选出的代表？

全国和地方各级人民代表大会的代表，受选民和原选举单位的监督。选民或者选举单位都有权罢免自己选出的代表。对于县级的人民代表大会代表，原选区选民五十人以上联名，对于乡级的人民代表大会代表，原选区选民三十人以上联名，可以向县级的人民代表大会常务委员会书面提出罢免要求。县级的人民代表大会常务委员会应当将罢免要求和被提出罢免的代表的书面申辩意见印发原选区选民。并由县级的人民代表大会常务委员会派有关负责人员主持，对罢免要求进行表决。

县级以上的地方各级人民代表大会举行会议的时候，主席团或者十分之一以上代表联名，可以提出对由该级人民代表大会选出的上一级人民代表大会代表的罢免案。在人民代表大会闭会期间，县级以上的地方各级人民代表大会常务委员会主任会议或者常务委员会五分之一以上组成人员联名，可以向常务委员会提出对由该级人民代表大会选出的上一级人民代表大会代表的罢免案。县级以上的地方各级人民代表大会举行会议的时候，被提出罢免的代表有权在主席团会议和大会全体会议上提出申辩意见，或者书面提出申辩意见，由主席团印发会议。罢免案经会议审议后，由主席团提请全体会议表决。县级以上的地方各级人民代表大会常务委员会举行会议的时候，被提出罢免的代表有权在主任会议和常务委员会全体会议上提出申辩意见，或者书面提出申辩意见，由主任会议印发会议。罢免案经会议审议后，由主任会议提请全体会议表决。

48 人大代表的辞职程序是什么？

全国人民代表大会代表，省、自治区、直辖市、设区的市、自治州的人民代表大会代表，可以向选举他的人民代表大会的常务委员会书面提出辞职。常务委员会接受辞职，须经常务委员会组成人员的过半数通过。接受辞职的决议，须报送上一级人民代表大会常务委员会备案、公告。

县级的人民代表大会代表可以向本级人民代表大会常务委员会书面提出辞职，乡级的人民代表大会代表可以向本级人民代表大会书面提出辞职。县级的人民代表大会常务委员会接受辞职，须经常务委员会组成人员的过半数通过。乡级的人民代表大会接受辞职，须经人民代表大会过半数的代表通过。接受辞职的，应当予以公告。

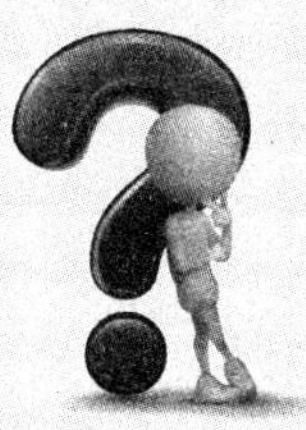

第四章
CHAPTER 4

行政法

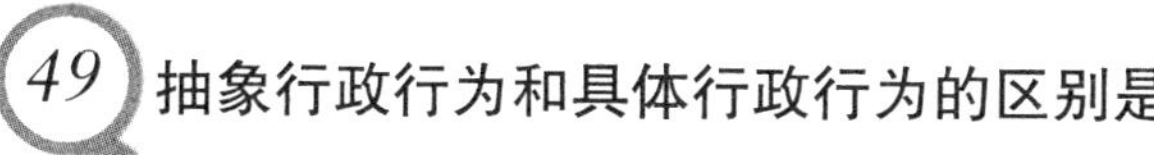

49 抽象行政行为和具体行政行为的区别是什么?

抽象行政行为是指行政机关在进行行政管理中，针对不特定的人和事制定普遍适用的规范性文件的活动。抽象行政行为并不直接对特定的人或是特定的事作出处理，而是针对不特定的人具有普遍约束力的规范性文件。它包括两部分内容：一是行政机关制定、发布行政法规、行政规章的行政行为；二是行政机关制定、发布具有普遍约束力的行政决定、行政命令的行为。实施抽象行为的行政机关包括国家最高行政机关及地方各级立法机关。规范性文件可以对不同的行政相对人反复适用。例如，国务院制定的行政法规，不是针对某个特定的人制定的，该行政法规适用的相对人是不确定的，不固定且该行政法规是可以反复适用的。抽象行政行为不能引起行政诉讼。

具体行政行为是指国家行政机关和行政机关工作人员、法律法规授权的组织、行政机关委托的组织，或者个人在行政管理活动中行使行政职权，针对特定的公民、法人或者其他组织，就特定的具体事项，作出的有关该公民、法人或者其他组织权利义务的单方行为。具体行政行为的主体是各级行政机关及其委托的组织或个人，是针对特定的人、特定的事作出的单方行政职权行为。例如，行政机关根据相对人的申请，依法赋予相对人从事某种法律所一般性允许的活动的权利和资格，如颁发许可证或执照。具体行政行为可以引起行政诉讼。

50 行政行为的合法要件有哪些?

行政行为合法要件包括如下四点：（1）行政行为的主体合法，这是行政行为合法有效的主体要件。主体合法是指实施行政行为的组织必须具有行政主体资格，能以自己的名义独立承担法律责任；（2）行政行为应当在行政主体的权限范围内，这是行政行为合法有效的权限方面的要件。权限合法是指行政主体必须在法定的职权范围内实施行为。（3）行政行为的内容合法与适当，这是行政行为合法有效的内容要件。行政行为的内容合法是指行为所涉及的权利、义务以及对这些权利、义务的影响或处理，均应符合法律、法规的规定和社会公共利益。行政行为的内容适当是指行政行为的内容要明确、适当，而且应当公正、合理；（4）行政行为应当符合法定程序，这是行政行为合法的程序要件。法定程序是指行政行为的实施应当经过的步骤、方式、顺序以及时限。

 行政行为的效力有哪些?

行政行为的效力是指行政行为在法律上所发生的效果，包括如下四点:（1）公定力。行政处理的公定力指行政处理一经作出，除非有重大、明显的违法情形，即具有被推定为合法而要求所有机关、组织或个人表示尊重的一种效力。（2）确定力。行政处理的确定力是指行政处理具有不受任意改变（撤销、变更、废止注销或吊销等）的法律效力，包括形式确定力和实质确定力两个方面。形式确定力，又称不可争力，是行政处理对相对人而言的不可改变力，相对人不得任意请求改变该行政处理，在复议或诉讼期满后相对人不能再要求改变行政处理。实质确定力又称不可变更力，是指行政处理一旦做出，非有法定原因或事由出现，应遵循一事不再理的原则，不得任意变更自己所作的行政处理。（3）拘束力。行政处理的拘束力是指行政处理生效后，所具有的约束和限制行政主体和行政相对人行为的法律效力。（4）执行力。行政处理的执行力是指已生效的行政处理要求行政主体和行政相对人对其内容予以实现的法律效力。执行力是实现行政处理内容的效力，这里的实现方式包括自行履行和强制履行。其中，对行政相对人的强制履行，包括行政强制执行和司法强制执行；对行政主体的强制履行通常由行政相对人通过行政复议和行政诉讼来实现。

52 地方性法规是否可以设立吊销企业营业执照的行政处罚？

行政处罚是指行政主体依照法定职权和程序对违反行政法规范，尚未构成犯罪的相对人给予行政制裁的具体行政行为。公民、法人或者其他组织存在违反行政管理秩序的行为，行政主体应当对其作出相应的行政处罚。我国《行政处罚法》规定了不同种类的行政处罚，包括：警告；罚款；没收违法所得、没收非法财物；责令停产停业；暂扣或者吊销许可证、暂扣或者吊销执照；行政拘留；法律、行政法规规定的其他行政处罚。并不是每种类型的行政处罚都可以由行政法规或地方性法规规定。有些类型的行政处罚的规定有一定限制，如限制人身自由的行政处罚只能由法律设定，行政法规和地方性性法规都不得作出此类规定；对于吊销企业营业执照的行政处罚，只有法律和行政法规可以设立，地方性法规不得作出此类规定。

53 任何组织都可以接受行政机关的委托实施行政处罚吗？

行政处罚由具有行政处罚权的行政机关在法定职权范围内

实施。行政机关、法律、法规授权的具有管理公共事务职能的组织、行政机关依照法律、法规或者规章的规定委托的组织可以实施行政处罚。无论哪种行政处罚必定会对行政相对人造成一定程度的损害，所以行政处罚的实施要受到严格的法律限制。行政处罚的实施机关是由法律明确规定的，其实施行政处罚必须在法律规定的权限内。在这里要注意的是，行政处罚实施机关中的受委托组织也需要满足一定条件，并非任何组织均可被行政机关委托实施行政处罚。根据《行政处罚法》第十九条的规定，受委托组织必须符合以下条件:（1）依法成立的管理公共事务的事业组织;（2）具有熟悉有关法律、法规、规章和业务的工作人员;（3）对违法行为需要进行技术检查或者技术鉴定的，应当有条件组织进行相应的技术检查或者技术鉴定。受委托组织需满足以上三个条件才可以被行政机关委托，行政机关不得委托其他组织和个人实施行政处罚。

54 对同一违法行为，不同行政机关可以分别作出行政处罚吗?

某县环保局对甲企业的违规排污行为罚款1万元，由于此次排污造成的后果严重，县工商局又对甲企业罚款2万元并责令其停业整顿。甲企业因为同一违法行为即违规排污行为，同时受到了环保局和工商局的行政处罚。这种做法是否正确呢?

《行政处罚法》第二十四条规定，对当事人的同一个违法行为，不得给予两次以上罚款的行政处罚。对同一个违法行为，不同行政机关不得分别给予罚款的处罚决定。当环保局已经对甲企业进行了罚款时，工商局不得再次进行罚款。但是，环保局对甲企业进行了罚款，并不是说其他行政机关就不得再对甲企业进行行政处罚了，其他行政机关仍可以给予除罚款以外的其他种类的行政处罚，如工商局可以作出责令甲企业停业整顿的行政处罚。所以，对于同一违法行为，不同行政机关不得都作出罚款的行政处罚，但可以分别作出除罚款以外的其他种类的行政处罚。

55 行政机关及其工作人员不听取当事人的意见直接作出行政处罚的决定是否合法?

货车司机张某在经过某路段的交通检查站时，交通检查站工作人员递给了张某一份处罚决定书，让张某交罚款 200 元。张某想问明缘由并发表意见，却被制止。张某不接受该处罚并继续陈述时，工作人员又给了张某一份处罚决定书。

行政处罚决定直接关系到行政相对人的权益，行政机关在实施行政处罚的过程中应当听取当事人的意见。《行政处罚法》

第三十二条规定，当事人有权进行陈述和申辩。行政机关必须充分听取当事人的意见，对当事人提出的事实、理由和证据，应当进行复核；当事人提出的事实、理由或者证据成立的，行政机关应当采纳。行政机关不得因当事人申辩而加重处罚。对当事人进行行政处罚时，当事人享有陈述和申辩的权利，本案中，行政工作人员不让张某进行陈述和申辩就作出行政处罚决定，并因张某的申辩而加重了对其的行政处罚，是不合法的。

56 行政机关是否在任何情况下均不得自行收缴罚款？

一般来讲，作出罚款决定的行政机关和收缴罚款的机构是分离的，也就是说，作出罚款决定的行政机关是不能私自收缴罚款的。但在一些特殊情况下，行政机关是可以收缴罚款的。根据《行政处罚法》第三十三条、第四十七条的规定，当违法事实确凿并有法定依据，对公民处以五十元以下、对法人或者其他组织处以一千元以下罚款或者警告的行政处罚的，可以当场作出行政处罚决定的，又有下列情形之一的，执法人员可以当场收缴罚款：（1）依法给予二十元以下的罚款的；（2）不当场收缴事后难以执行的。此外，根据该法第四十八条的规定，在边远、水上、交通不便地区，行政机关及其执法人员根据违法事实确凿并有法定依据，对公民处以五十元以下、对法人或者其他组织处以一千元以下罚款或者警告的行政处罚的，可以当场作出行政处罚决定和调查终结，行政机关负责人应当对调查结果进行审查，确有应受行政处罚的违法行为的，根据情节轻重及具体情况，作出行政处罚决定的，据此作出罚款决定后，当事人向指定的银行缴纳罚款确有困难，经当事人提出，行政机关及其执法人员可以当场收缴罚款。

对于数额较小的罚款，让行政相对人专程去收缴罚款机构交罚款显然是非常不方便的，不仅会增加行政相对人的成本，也会加重收缴罚款机构的工作负担。而有的罚款当场不收，以后就难以收到的，也可以由作出罚款决定的行政机关当场收缴。对于地处边远、水上、交通不便地区，向指定银行缴罚款却有困难的，行政相对人可以提出申请，要求行政机关及其执法人员当场收缴罚款。

57 可以设定行政许可的事项有哪些？

行政许可是指行政机关根据公民、法人或者其他组织的申请，经依法审查准予其从事特定活动的行为。行政许可是具体行政行为，行政许可的内容一般是国家禁止的活动，但对符合特定条件的人或者组织解除禁止使其享有特定的资格或权利，能够实施某项特定的行为。《行政许可法》第十二条规定，下列

事项可以设定行政许可：（1）直接涉及国家安全、公共安全、经济宏观调控、生态环境保护以及直接关系人身健康、生命财产安全等特定活动，需要按照法定条件予以批准的事项；（2）有限自然资源开发利用、公共资源配置以及直接关系公共利益的特定行业的市场准入等，需要赋予特定权利的事项，如河道采砂许可证；（3）提供公众服务并且直接关系公共利益的职业、行业，需要确定具备特殊信誉、特殊条件或者特殊技能等资格、资质的事项；（4）直接关系公共安全、人身健康、生命财产安全的重要设备、设施、产品、物品，需要按照技术标准、技术规范，通过检验、检测、检疫等方式进行审定的事项；（5）企业或者其他组织的设立等，需要确定主体资格的事项；（6）法律、行政法规规定可以设定行政许可的其他事项。

58 申请行政许可提交的申请材料不全的，行政机关如何告知申请人须补正的材料？

公民、法人或者其他组织从事特定活动，依法需要取得行政许可的，应当向行政机关提出申请。申请人申请行政许可需提交相关的材料，如申请餐饮服务许可证须提交《餐饮服务许可证申请表》、营业执照、餐饮服务场地的合法使用证明原件及复印件、餐饮服务经营场所和设备布局、加工流程、卫生设施等示意图及说明、从业人员健康管理、食品安全培训管理等保证食品安全的规章制度、餐饮服务从业人员参加食品安全培训的情况说明和有效的健康体检合格证明及复印件等。

申请人第一次提交申请材料时常常会出现材料不全的情况，当申请人提交的申请材料不齐全或者不符合法定形式的，行政机关应当当场或者在五日内一次告知申请人需要补正的全部内容，逾期不告知的，自收到申请材料之日起即为受理。应注意，当申请人提交的申请材料不全时，行政机关不得多次向申请人告知补全的材料，而应一次性告知申请人所有应当补全的材料。否则一方面会造成行政机关的办事效率低下，另一方面也会增加行政相对人的负担。

59 规章能否设定行政强制措施?

行政强制措施是指行政机关在行政管理过程中，为制止违法行为、防止证据损毁、避免危害发生、控制危险扩大等情形，依法对公民的人身自由实施暂时性限制，或者对公民、法人或者其他组织的财物实施暂时性控制的行为。《行政强制法》第九条规定了行政强制措施的种类包括：（1）限制公民人身自由；（2）查封场所、设施或者财物；（3）扣押财物；（4）冻结存款、汇款；（5）其他行政强制措施。以上行政强制措施均可由法律

设定。行政法规可以设定除限制公民人身自由、冻结存款、汇款和应当由法律规定的行政强制措施以外的其他行政强制措施。地方性法规可以设定查封场所、设施或者财物和扣押财物的行政强制措施。法律中未设定行政强制措施的，行政法规、地方性法规不得设定行政强制措施。所以行政强制措施可由法律、行政法规和地方性法规设定，规章不能设定行政强制措施。

60 行政强制执行的方式有哪些？

行政强制执行是指行政机关或者行政机关申请人民法院，对不履行行政决定的公民、法人或者其他组织，依法强制履行义务的行为。《行政强制法》第十二条规定，行政强制执行的方式：（1）加处罚款或者滞纳金；（2）划拨存款、汇款；（3）拍卖或者依法处理查封、扣押的场所、设施或者财物；（4）排除妨碍、恢复原状；（5）代履行；（6）其他强制执行方式。其中，代履行是指义务人逾期不履行行政法义务，由他人代为履行可以达到相同目的的，行政机关可以自己代为履行或者委托第三人代为履行，向义务人征收代履行费用的强制执行制度，如清除河道污染物、排除障碍、强制拆除等。还需注意的是，代履行不适用于与人身有关的义务。

61 行政机关实施行政强制措施应当遵守哪些规定？

某市客运管理处对王某作出暂扣凭证，扣押王某驾驶的汽车一辆的处罚。暂扣凭证主要内容为：“王某在无车辆运营证的情况下，从A地拉载乘客5人到B地，并议价收费120元。该行为违反了《某市客运出租汽车管理条例》的规定，并据此对该车辆进行暂扣。”某市客运管理处在实施扣押车辆之前未向该行政机关负责人报告并经批准，事后也未补办批准手续。在实施扣押车辆时，未制作也未当场向王某交付扣押清单。某市客运管理处的扣押行为没有批准及补办手续，没有扣押清单属于程序违法。

《行政强制法》第十八条规定，行政机关实施行政强制措施应当遵守下列规定：（1）实施前须向行政机关负责人报告并经批准；（2）由两名以上行政执法人员实施；（3）出示执法身份证件；（4）通知当事人到场；（5）当场告知当事人采取行政强制措施的理由、依据以及当事人依法享有的权利、救济途径；（6）听取当事人的陈述和申辩；（7）制作现场笔录；（8）现场笔录由当事人和行政执法人员签名或者盖章，当事人拒绝的，在笔录中予以注明；（9）当事人不到场的，邀请见证人到场，由见证人和行政执法人员在现场笔录上签名或者盖章；（10）法律、法规规定的其他程序。

62 行政机关作出强制执行决定应当履行什么程序？

行政机关依法作出行政决定后，当事人应当在行政机关决定的期限内按期履行义务。如果当事人未按期履行义务，具有行政强制执行权的行政机关应按照规定强制执行。《行政强制法》第三十五条规定，行政机关作出强制执行决定前，应当事先催告当事人履行义务。行政机关不得未经催告直接作出强制执行的决定。催告应当以书面形式作出，并载明下列事项：（1）履行义务的期限；（2）履行义务的方式；（3）涉及金钱给付的，应当有明确的金额和给付方式；（4）当事人依法享有的陈述权和申辩权。当事人在收到催告书后，作出强制执行决定前享有陈述和申辩的权利，这可以让行政机关了解当事人为什么没有按期履行义务，理由正当的，行政机关应当采纳。对经催告仍不履行义务，又无正当理由的，行政机关可以作出强制执行的决定。

63 行政机关与当事人之间达成执行协议，行政机关是否还能强制执行？

《行政强制法》第四十二条第一款规定，实施行政强制执行，行政机关可以在不损害公共利益和他人合法权益的情况下，与当事人达成执行协议。执行协议可以约定分阶段履行；当事人采取补救措施的，可以减免加处的罚款或者滞纳金。因此，行政机关和当事人之间可以就实施行政强制执行达成执行协议。执行协议不是由行政机关单方作出的行政决定，而是行政机关与当事人之间自愿协商达成的，共同约定协议的内容。虽然执行协议是执行机关与当事人之间自愿达成的，但协议的内容也是有限制的，不能违反行政作出所要实现的目的，不能放弃行政机关的责任，更不能损害公共利益和他人的合法权益。一旦达成执行协议，当事人就应当按照执行协议的内容履行义务，行政机关在当事人未违反执行协议的情况下不得强制执行。例如，执行协议中约定分阶段履行，当事人分了三个阶段履行，当事人在第一阶段规定的时间内履行了义务，虽然第二阶段、第三阶段的内容还未履行，但未到执行协议约定的时间，行政机关不得强制执行。《行政强制法》第四十二条第二款规定，执行协议应当履行。当事人不履行执行协议的，行政机关应当恢复强制执行。虽然行政机关与当事人之间达成了执行协议，但如果当事人不按执行协议约定的内容履行，行政机关就可以强制执行。

64 行政复议的受案范围有哪些？

行政复议是指公民、法人或者其他组织认为具体行政行为侵犯其合法权益，向行政机关提出行政复议申请，行政机关受理行政复议申请、作出行政复议决定的一种法律制度。行政复议是以具体行政行为为审查对象，其具体的受案范围在《行政复议法》中作出了详细明确的规定。《行政复议法》第六条规定，有下列情形之一的，公民、法人或者其他组织可以依法申请行政复议：（1）对行政机关作出的警告、罚款、没收违法所得、没收非法财物、责令停产停业、暂扣或者吊销许可证、暂扣或者吊销执照、行政拘留等行政处罚决定不服的；（2）对行政机关作出的限制人身自由或者查封、扣押、冻结财产等行政强制措施决定不服的；（3）对行政机关作出的有关许可证、执照、资质证、资格证等证书变更、中止、撤销的决定不服的；（4）对行政机关作出的关于确认土地、矿藏、水流、森林、山岭、草原、荒地、滩涂、海域等自然资源的所有权或者使用权的决定不服的；（5）认为行政机关侵犯合法的经营自主权的；（6）认为行政机关变更或者废止农业承包合同，侵犯其合法权益的；（7）认为行政机关违法集资、征收财物、摊派费用或者违法要求履行其他义务的；（8）认为符合法定条件，申请行政机关颁发许可证、执照、资质证、资格证等证书，或者申请行政机关审批、登记有关事项，行政机关没有依法办理的；（9）申请行政机关履行保护人身权利、财产权利、受教育权利的法定职责，行政机关没有依法履行的；（10）申请行政机关依法发放抚恤金、社会保险金或者最低生活保障费，行政机关没有依法发放的；（11）认为行政机关的其他具体行政行为侵犯其合法权益的。在行政复议的受案范围内的具体行政行为包括行政处罚、行政许可、行政强制等内容。某县城管局对甲某作出的责令停止建设通知是否属于行政复议的范围？这是针对甲某作出的一种行政行为，并为甲某设定了停止建设的义务。这一行为已对甲某的权利义务产生了实际影响，该行为属于上述受案范围第11项的规定。

65 对具体行政行为不服，如何申请行政复议？

不同的行政机关对行政相对人可作出不同的具体行政行为。由于作出行政行为的行政机关不同，当行政相对人对具体行政行为不服时，受理其行政复议申请的机关也是不一样的。

（1）对县级以上地方各级人民政府工作部门的具体行政行为不服的，可以向该部门的本级人民政府或上一级主管部门申请行政复议。对海关、金融、国税、外汇管理等实行垂直领导的行政机关和国家安全机关的具体行政行为不服的，只能向上一级主管部门申请行政复议。

（2）对地方各级人民政府的具体行政行为不服的，可以向上一级地方人民政府申请行政复议。对省、自治区人民政府依法设立的派出机关所属的县级地方人民政府的具体行政行为不服

的，可以向其该派出机关申请行政复议。

（3）对国务院部门或者省、自治区、直辖市人民政府的具体行政行为不服的，可以向作出该具体行政行为的国务院部门或者省、自治区、直辖市人民政府申请行政复议。

（4）对县级以上地方人民政府依法设立的派出机关的具体行政行为不服的，可以向设立该派出机关的人民政府申请行政复议。

（5）对政府工作部门依法设立的派出机构依照法律、法规或者规章规定，以自己的名义作出的具体行政行为不服的，可以向设立该派出机构的部门或者该部门的本级地方人民政府申请行政复议。

（6）对法律、法规授权的组织的具体行政行为不服的，可以向直接管理该组织的地方人民政府、地方人民政府工作部门或者国务院部门申请行政复议。

（7）对两个或者两个以上行政机关以共同的名义作出的具体行政行为不服的，可以向其共同上一级行政机关申请行政复议。

（8）对被撤销的行政机关在撤销前所作出的具体行政行为不服的，可以向继续行使其职权的行政机关的上一级行政机关申请行政复议。

66 行政复议期间能否提起行政诉讼?

对行政机关作出的有些具体行政行为，行政相对人可以申请行政复议，也可以提起行政诉讼。行政相对人对此具有自由选择权。《行政复议法》第十六条规定，公民、法人或者其他组织申请行政复议，行政复议机关已经依法受理的，或者法律、法规规定应当先向行政复议机关申请行政复议、对行政复议决定不服再向人民法院提起行政诉讼的，在法定行政复议期限内不得向人民法院提起行政诉讼。公民、法人或者其他组织向人民法院提起行政诉讼，人民法院已经依法受理的，不得申请行政复议。也就是说，除法律、法规规定先进行行政复议后才能起诉的案件外，行政相对人对行政机关作出的具体行政行为均有选择复议或者诉讼的权利，但不能存在复议机关或是法院同时处理行政相对人对具体行政行为不服的案件的情况。当行政复议机关已经受理了行政相对人的案件时，就不得又向人民法院提起行政诉讼。反之，当人民法院已经受理案件，行政相对人也不得再申请行政复议。在行政复议期间，行政相对人不得提起行政诉讼。

67 行政复议期间，具体行政行为是否可以停止执行？

某市国土资源局对王某违法占地并建设房屋的行为进行行政处罚，要求王某将非法占用的土地退还权属单位，没收在非法占用土地上新建建筑物和其他设施，并处罚款。王某不服，提起行政复议，在复议期间是否可以不执行以上处罚决定？

《行政复议法》第二十一条规定，行政复议期间具体行政行为不停止执行；但是，有下列情形之一的，可以停止执行：（1）被申请人认为需要停止执行的；（2）行政复议机关认为需要停止执行的；（3）申请人申请停止执行，行政复议机关认为其要求合理，决定停止执行的；（4）法律规定停止执行的。据此，一般来讲即使王某提出行政复议，也不影响处罚决定的执行。在复议期间，王某也须履行处罚决定的内容。当出现了法律规定的可以停止执行的情况，才可以停止执行。通常来讲，行政复议期间，具体行政行为不停止执行。

68 哪些情况属于行政复议前置事由？

行政复议前置是指行政相对人对行政机关作出的某些特定具体行政行为不服，在选择救济的途径时，应当先选择向行政复议机关申请行政复议，而不能直接向人民法院提起行政诉讼。如果经过行政复议之后，行政相对人对复议决定仍不服，才可以向人民法院提起行政诉讼。也即行政复议是必经的前置程序。

（1）《行政复议法》第十四条规定，对国务院部门或者省、自治区、直辖市人民政府的具体行政行为不服的，向作出该具体行政行为的国务院部门或者省、自治区、直辖市人民政府申请行政复议。对行政复议决定不服的，可以向人民法院提起行政诉讼；也可以向国务院申请裁决，国务院依照《行政复议法》的规定作出最终裁决。在该条文中，行政复议是前置程序，但对行政复议决定不服的，行政相对人不一定是通过诉讼来进行救济，其还可以申请国务院裁决。（2）《行政复议法》第三十条第一款规定，公民、法人或者其他组织认为行政机关的具体行政行为侵犯其已经依法取得的土地、矿藏、水流、森林、山岭、草原、荒地、滩涂、海域等自然资源的所有权或者使用权的，应当先申请行政复议；对行政复议决定不服的，可以依法向人民法院提起行政诉讼。这是对自然资源确权的争议作出了行政复议前置的规定。规定行政复议前置可以将纠纷先在行政机关内部解决，这样有利于减轻行政相对人的诉讼成本。

69 行政复议机关作出的复议决定有哪些?

行政相对人申请行政复议，复议机关受理后，须对被申请人作出的具体行政行为进行审查，并最终由行政复议机关作出行政复议的决定。行政复议机关应根据不同的情况作出不同的行政复议决定。（1）当被申请人的具体行政行为认定事实清楚，证据确凿，适用依据正确，程序合法，内容适当的，行政复议机关决定维持。（2）当被申请人不履行法定职责的，行政复议机关决定其在一定期限内履行。（3）当被申请人的具体行政行为存在主要事实不清、证据不足的；适用依据错误的；违反法定程序的；超越或者滥用职权的；具体行政行为明显不当等情形之一的，行政复议机关决定撤销、变更或者确认该具体行政行为违法。决定撤销或者确认该具体行政行为违法的，可以责令被申请人在一定期限内重新作出具体行政行为。（4）当被申请人不按照法律规定提出书面答复、提交当初作出具体行政行为的证据、依据和其他有关材料的，视为该具体行政行为没有证据、依据，行政复议机关决定撤销该具体行政行为。

70 行政诉讼的受案范围有哪些?

行政诉讼是个人、法人或其他组织认为行政主体以及法律、法规授权的组织作出的行政行为侵犯其合法权益而向法院提起的诉讼。人民法院在行政诉讼中主要是对行政行为的合法性进行审查。行政诉讼的受案范围和行政复议的受案范围是不同的。

《行政诉讼法》第十二条规定，人民法院受理公民、法人或者其他组织提起的下列诉讼:（1）对行政拘留、暂扣或者吊销许可证和执照、责令停产停业、没收违法所得、没收非法财物、罚款、警告等行政处罚不服的;（2）对限制人身自由或者对财产的查封、扣押、冻结等行政强制措施和行政强制执行不服的;（3）申请行政许可，行政机关拒绝或者在法定期限内不予答复，或者对行政机关作出的有关行政许可的其他决定不服的;（4）对行政机关作出的关于确认土地、矿藏、水流、森林、山岭、草原、荒地、滩涂、海域等自然资源的所有权或者使用权的决定不服的;（5）对征收、征用决定及其补偿决定不服的;（6）申请行政机关履行保护人身权、财产权等合法权益的法定职责，行政机关拒绝履行或者不予答复的;（7）认为行政机关侵犯其经营自主权或者农村土地承包经营权、农村土地经营权的;（8）认为行政机关滥用行政权力排除或者限制竞争的;（9）认为行政机关违法集资、摊派费用或者违法要求履行其他义务的;（10）认为行政机关没有依法支付抚恤金、最低生活保障待遇或者社会保险待遇的;（11）认为行政机关不依法履行、

未按照约定履行或者违法变更、解除政府特许经营协议、土地房屋征收补偿协议等协议的；（12）认为行政机关侵犯其他人身权、财产权等合法权益的。除前款规定外，人民法院受理法律、法规规定可以提起诉讼的其他行政案件。

71 哪些事项不属于行政诉讼的受案范围？

《行政诉讼法》第十三条规定，人民法院不受理公民、法人或者其他组织对下列事项提起的诉讼：（1）国防、外交等国家行为。（2）行政法规、规章或者行政机关制定、发布的具有普遍约束力的决定、命令。行政机关针对不特定对象发布的能反复适用的行政规范性文件属于抽象的行政行为，不能提起行政诉讼。（3）行政机关对行政机关工作人员的奖惩、任免等决定。行政机关对其工作人员的人事任免等属于内部行政行为，不能提起行政诉讼。（4）法律规定由行政机关最终裁决的行政行为。例如，根据国务院或者省、自治区、直辖市人民政府对行政区划的勘定、调整或者征收土地的决定，省、自治区、直辖市人民政府确认土地、矿藏、水流、森林、山岭、草原、荒地、滩涂、海域等自然资源的所有权或者使用权的行政复议决定为最终裁决，不得提起行政诉讼。

72 人民检察院在何种情况下，可以向人民法院提起行政诉讼？

在行政诉讼中，一方当事人为作出具体行政行为的行政机关，另一方当事人为行政行为的相对人以及其他与行政行为有利害关系的公民、法人或者其他组织。人民检察院作为国家司法机关有权对行政诉讼实行法律监督，当然可以在特定情况下作为行政诉讼中的原告向人民法院提起诉讼。当人民检察院在履行职责的过程中发现在生态环境和资源保护、食品药品安全、国有财产保护、国有土地使用权出让等领域负有监督管理职责的行政机关违法行使职权或者不作为，致使国家利益或者社会公共利益受到侵害的，应当向行政机关提出检察建议，督促其依法履行职责。行政机关不依法履行职责的，人民检察院可以依法向人民法院提起行政诉讼。但人民检察院在向人民法院提起行政诉讼前应先提出检察建议，要求行政机关履行职责。当人民检察院提出检察建议后，行政机关仍不依法履职时，其可以提起行政诉讼。

73 在行政诉讼中，原告有哪些举证责任？

（1）公民、法人或者其他组织向人民法院起诉时，应当提

供其符合起诉条件的相应的证据材料。（2）在起诉被告不履行法定职责的案件中，原告应当提供其向被告提出申请的证据，但有下列情形之一的除外：①被告应当依职权主动履行法定职责的；②原告因正当理由不能提供证据的。（3）在行政赔偿、补偿的案件中，原告应当对被诉的具体行政行为造成的损害提供证据。因被告的原因导致原告无法举证的，由被告承担举证责任。（4）此外，原告也可以提供证明行政行为违法的证据，这是原告的权利。原告提供的证据不成立的，不免除被告的举证责任。

74 在行政诉讼中，被告有哪些举证责任？

（1）被告在作出具体行政行为前应当有事实依据，有法律依据。只有事实依据充分、法律依据正确、程序合法才会得到法院的支持。被告对作出的具体行政行为是否负有举证责任，应当提供作出该行政行为的证据和所依据的规范性文件。当被告不提供或者无正当理由逾期提供证据，应视为被告没有相应证据。但是，被诉行政行为涉及第三人合法权益，第三人提供证据的除外。（2）在诉讼过程中，被告及其诉讼代理人不得自行向原告、第三人和证人收集证据。（3）被告在作出行政行为时已经收集了证据，但因不可抗力等正当事由不能提供的，经人民法院准许，可以延期提供。原告或者第三人提出了其在行政处理程序中没有提出的理由或者证据的，经人民法院准许，被告可以补充证据。

75 在提起行政诉讼时，能否请求审查规范性文件？

甲公司与某市场监督管理局市场监管行政处罚上诉案中，上诉人甲公司要求对该市场监督管理局作出行政处罚所依据的《海关总署、发展改革委、公安部、商务部、工商总局、国务院法制办关于严格查禁非法运输、储存、买卖成品油的通知》的合法性进行审查，并依法确认其违法。二审法院认为根据《行政诉讼法》第五十三条规定，在行政诉讼中可以请求一并审查的只限于行政规章层级以下的规范性文件，不包括规章。本案中，上诉人要求审查的通知系根据国务院第十五次常务会议精神，并经国务院批准下发的通知，但它实际是国务院部门制定的规章，具有规章的位阶和效力，不属于本案一并审查的范围。因此，上诉人甲公司无权要求对上述通知中的相关条款进行审查。

《行政诉讼法》第五十三条规定，公民、法人或者其他组织认为行政行为所依据的国务院部门和地方人民政府及其部门制定的规范性文件不合法，在对行政行为提起诉讼时，可以一并请求对该规范性文件进行审查。但这里的规范性文件不包含规章。

76 行政诉讼中，人民检察院如何进行法律监督？

人民检察院有权对行政诉讼实行法律监督。最高人民检察院对各级人民法院已经发生法律效力的判决、裁定，上级人民检察院对下级人民法院已经发生法律效力的判决、裁定，发现有以下情形之一的，或者发现调解书损害国家利益、社会公共利益的，应当提出抗诉：（1）不予立案或者驳回起诉确有错误的；（2）有新的证据，足以推翻原判决、裁定的；（3）原判决、裁定认定事实的主要证据不足、未经质证或者系伪造的；（4）原判决、裁定适用法律、法规确有错误的；（5）违反法律规定的诉讼程序，可能影响公正审判的；（6）原判决、裁定遗漏诉讼请求的；（7）据以作出原判决、裁定的法律文书被撤销或者变更的；（8）审判人员在审理该案件时有贪污受贿、徇私舞弊、枉法裁判行为的。

地方各级人民检察院对同级人民法院已经发生法律效力的判决、裁定，发现有上述八项情形之一，或者发现调解书损害国家利益、社会公共利益的，可以向同级人民法院提出检察建议，并报上级人民检察院备案；也可以提请上级人民检察院向同级人民法院提出抗诉。各级人民检察院对审判监督程序以外的其他审判程序中审判人员的违法行为，有权向同级人民法院提出检察建议。

77 行政机关拒绝履行判决、裁定、调解书的，人民法院可以采取的措施有哪些？

行政判决书、行政裁定书或是行政调解书中要求行政机关履行相应的义务，行政机关拒绝履行的，人民法院可以采取一定的措施促使行政机关履行。具体措施如下：（1）对应当归还的罚款或者应当给付的款额，通知银行从该行政机关的账户内划拨。（2）在规定期限内不履行的，从期满之日起，对该行政机关负责人按日处五十元至一百元的罚款。（3）将行政机关拒绝履行的情况予以公告。（4）向监察机关或者该行政机关的上一级行政机关提出司法建议。接受司法建议的机关，根据有关规定进行处理，并将处理情况告知人民法院。（5）拒不履行判决、裁定、调解书，社会影响恶劣的，可以对该行政机关直接负责的主管人员和其他直接责任人员予以拘留；情节严重，构成犯罪的，依法追究刑事责任。

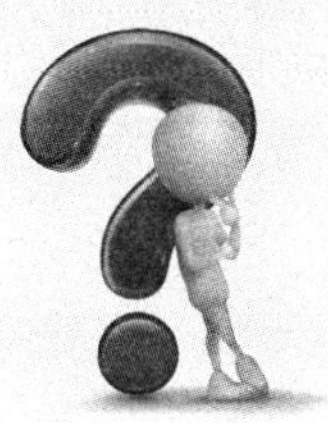

第五章

CHAPTER 5

公务员法

78 公务员的范围是什么？

公务员是指依法履行公职、纳入国家行政编制、由国家财政负担工资福利的工作人员。根据《〈中华人民共和国公务员法〉实施方案》之《公务员范围规定》第三条规定，下列机关中除工勤人员以外的工作人员列入公务员范围：（1）中国共产党各级机关。在中国共产党各级机关中，中央和地方各级党委、纪律检查委员会的领导人员；中央和地方各级党委工作部门、办事机构和派出机构的工作人员；中央和地方各级纪律检查委员会机关和派出机构的工作人员；街道、乡、镇党委机关的工作人员，均属于公务员范围的人员。（2）各级人民代表大会及其常务委员会机关。各级人民代表大会及其常务委员会机关中，县级以上各级人民代表大会常务委员会领导人员，乡、镇人民代表大会主席、副主席；县级以上各级人民代表大会常务委员会工作机构和办事机构的工作人员；各级人民代表大会专门委员会办事机构的工作人员，均属于公务员范围的人员。（3）各级行政机关。行政机关中，各级人民政府的领导人员；县级以上各级人民政府工作部门和派出机构的工作人员；乡、镇人民政府机关的工作人员都属于公务员。（4）中国人民政治协商会议各级委员会机关。中国人民政治协商会议各级委员会中，中国人民政治协商会议各级委员会的领导人员和中国人民政治协商会议各级委员会工作机构的工作人员都属公务员。各民主党派和工商联的各级机关中，中国国民党革命委员会、中国民主同盟、中国民主建国会、中国民主促进会、中国农工民主党、中国致公党、九三学社、台湾民主自治同盟中央和地方各级委员会的领导人员，工作机构的工作人员和中华全国工商业联合会和地方各级工商联的领导人员，工作机构的工作人员都属公务员。（5）各级审判机关。各级审判机关中，最高人民法院和地方各级人民法院的法官、审判辅助人员及司法行政人员属公务员。（6）各级检察机关。各级检察机关中，最高人民检察院和地方各级人民检察院的检察官、检查辅助人员和司法行政人员属公务员。（7）各民主党派和工商联的各级机关。

除此之外，各级监察委员会中的组成人员以及各级监察委员会内设机构和派出监察机构的工作人员，派出的监察专员等也属于公务员。

79 公务员的法律地位是什么？

公务员具有双重法律身份，一种身份是公务员个人，另一种身份是国家工作人员。公务员因其身份的双重性而享有不同

的法律地位。公务员个人也即公务员作为公民，应享有自然人的法律地位。公务员作为国家工作人员即国家的公务员，应享有公务员的法律地位。

公务员的法律地位是指公务员在各种法律关系中享有权利、承担义务的综合表现。公务员法律地位的特征是：（1）以公务机关名义从事公务行为；（2）行政职权与职责相统一；（3）公务员公务行为的后果，由其所属公务机关承受；（4）公务机关对公务员的过错负连带责任。

由于公务员身份具有双重性，这两种法律身份在某些情况下会发生冲突，公务员相比普通公民而言享有更多的权利，同时也应承担更多的义务。公务员无论是作为公民还是国家的公务员，其行为都应与身份相对应，在需承担某种法律责任时应对个人行为和公务行为进行划分。

80 公务员应当具备哪些条件？

公务员是履行国家公职的人员。我国公务员的选任需要满足一定的条件，同时对公务员的录用也进行了一定的限制。《公务员法》第十三条规定，公务员应当具备下列条件：（1）具有中华人民共和国国籍；（2）年满十八周岁；（3）拥护中华人民共和国宪法，拥护中国共产党领导和社会主义制度；（4）具有良好的政治素质和道德品行；（5）具有正常履行职责的身体条件和心理素质；（6）具有符合职位要求的文化程度和工作能力；（7）法律规定的其他条件。曾因犯罪受过刑事处罚的、开除中国共产党党籍的、被开除公职的、被依法列为失信联合惩戒对象的以及具有法律规定不得录为公务员的其他情形的人员不能被录用为公务员。例如，小王大学毕业后，有一次喝酒后开车发生交通事故，造成一死一伤，后被判处刑罚。小王现在想考公务员，但因曾经受过刑事处罚，不能被录用为公务员。

81 公务员应当履行哪些义务?

公务员作为国家公职人员，在工作岗位上必须按照法律规定履行相应的义务。我国公务员的权利和义务是统一的，具有一致性。公务员在享有公务员权利的同时也应当履行公务员的义务。公务员不能只享有权利而不履行义务。《公务员法》第十四条规定，公务员应当履行下列义务：（1）忠于宪法，模范遵守、自觉维护宪法和法律，自觉接受中国共产党领导；（2）忠于国家，维护国家的安全、荣誉和利益；（3）忠于人民，全心全意为人民服务，接受人民监督；（4）忠于职守，勤勉尽责，服从和执行上级依法作出的决定和命令，按照规定的权限和程序履行职责，努力提高工作质量和效率；（5）保守国家秘密和工作秘密；

（6）带头践行社会主义核心价值观，坚守法治，遵守纪律，恪守职业道德，模范遵守社会公德、家庭美德；（7）清正廉洁，公道正派；（8）法律规定的其他义务。公务员如果违反法定义务，就要承担相应的行政责任。

82 公务员享有哪些权利？

公务员身份的确定，有一套严格的法定程序，只有经过有关机关审核、审批及备案等程序，登记、录用或者调任为公务员后，方可确定为公务员。确定为公务员后既要履行相应的义务，又享有相应的权利。《公务员法》第十五条规定，公务员享有下列权利：（1）获得履行职责应当具有的工作条件；（2）非因法定事由、非经法定程序，不被免职、降职、辞退或者处分；（3）获得工资报酬，享受福利、保险待遇；（4）参加培训；（5）对机关工作和领导人员提出批评和建议；（6）提出申诉和控告；（7）申请辞职；（8）法律规定的其他权利。

83 公务员的职位类别如何划分？

根据我国《公务员法》第十六条的规定，国家实行公务员职位分类制度。公务员职位类别按照公务员职位的性质、特点和管理需要，划分为综合管理类、专业技术类和行政执法类等类别。根据《公务员法》，对于具有职位特殊性，需要单独管理的，可以增设其他职位类别。各职位类别的适用范围由国家另行规定。

综合管理类公务员职级序列分为：一级巡视员、二级巡视员、一级调研员、二级调研员、三级调研员、四级调研员、一级主任科员、二级主任科员、三级主任科员、四级主任科员、一级科员、二级科员。综合管理类以外其他职位类别公务员的职级序列，根据《公务员法》由国家另行规定。

84 公务员领导职务层次与级别是如何对应的？

公务员的职务分为领导职务和非领导职务。《公务员法》第十八条规定，公务员领导职务根据宪法、有关法律和机构规格设置。领导职务层次分为：国家级正职、国家级副职、省部级正职、省部级副职、厅局级正职、厅局级副职、县处级正职、县处级副职、乡科级正职、乡科级副职。公务员领导职务应当对应相应的级别，公务员领导职务、职级与级别的对应关系，由国家规定。根据《公务员职务与级别管理规定》第十二条，公务员领导职务层次与级别的对应关系是：（1）国家级正职：一级；（2）国家级副职：四级至二级；（3）省部级正职：八级至四级；（4）省部级副职：十级至六级；（5）厅局级正职：十三级至八级；（6）厅局级副职：十五级至十级；（7）县处级正职：十八级至十二级；（8）县处级副职：二十级至十四级；（9）乡科级正职：二十二级至十六级；（10）乡科级副职：二十四级至十七级。副部级机关内设机构、副省级市机关的司局级正职对应十五级至十级；司局级副职对应十八级至十二级。

85 公务员的录用程序是什么？

录用担任一级主任科员以下及其他相当职级层次的公务员，采取公开考试、严格考察、平等竞争、择优录取的办法。首先，在规定的编制限额内，出现职位空缺，需要录用公务员的，应当发布招考公告。招考公告应当载明招考的职位、名额、报考资格条件、报考需要提交的申请材料以及其他报考须知事项。招录机关根据报考资格条件对报考申请进行审查。报考者提交的申请资料应当真实、准确。其次，公务员录用考试采取笔试和面试等方式进行，考试内容根据公务员应当具备的基本能力和不同职位类别、不同层级机关分别设置。再次，招录机关根据考试成绩确定考察人选，并进行报考资格复审、考察和体检。最后，招录机关根据考试成绩、考察情况和体检结果，提出拟录用人员名单，并予以公示。公示期不少于五个工作日。公示期满，中央一级招录机关应当将拟录用人员名单报中央公务员主管部门备案；地方各级招录机关将拟录用人员名单报省级或者设区的市级公务员主管部门审批。

对民族自治地方依照规定录用公务员时，依照法律和有关规定对少数民族报考者予以适当照顾。对录用特殊职位的公务员，经省级以上公务员主管部门批准，可以简化程序或者采用其他测评办法。

86 公务员考核的规定包括哪些？

公务员考核是指公务员的考察和审核，也是公务员管理的一项制度性的基础工作。《公务员法》第三十五条规定，公务员的考核应当按照管理权限，全面考核公务员的德、能、勤、绩、廉，重点考核政治素质和工作实绩。考核指标根据不同职位类别、不同层级机关分别设置。德，是指思想政治素质及个人品德、职业道德、社会公德；能，是指履行职责的业务素质和能力；勤，是指责任心、工作态度、工作作风等方面的表现；绩，是指完成工作的数量、质量、效率和所产生的效益；廉，是指廉洁自律等方面的表现。

公务员的考核分为平时考核、专项考核和定期考核等方式。定期考核以平时考核、专项考核为基础。其中，对非领导成员

公务员的定期考核采取年度考核的方式。先由个人按照职位职责和有关要求进行总结，主管领导在听取群众意见后，提出考核等次建议，由本机关负责人或者授权的考核委员会确定考核等次。对领导成员的考核由主管机关按照有关规定办理。定期考核的结果分为优秀、称职、基本称职和不称职四个等次。定期考核的结果应当以书面形式通知公务员本人。定期考核的结果作为调整公务员职位、职务、级别、工资以及公务员奖励、培训、辞退的依据。

87 什么是选任制公务员？

选任制公务员是指按照法律和有关章程规定选举担任公务员职务的公务员。《公务员法》第四十一条规定，选任制公务员在选举结果生效时即任当选职务；任期届满不再连任或者任期内辞职、被罢免、被撤职的，其所任职务即终止。任何人担任公务员都有一定的时效。但根据产生方式不同，公务员的任职时效有所不同。选任制公务员是由选举产生的，其任职时间应为选举结果生效的时间。根据我国有关法律等规定，选任制公务员选举结果生效时间有三种情况：（1）选举结果宣布时立即生效。例如，国家主席、副主席，全国和地方人大常委会组成人员，地方人民政府正副职领导人员，人民法院院长等职务，在本级人民代表大会主席团宣布选举结果时即生效。（2）选举结果在任职命令颁布时生效。例如，根据宪法规定，国务院总理、副总理、国务委员和各部部长、各委员会主任、审计长、秘书长，由国家主席任命，因此，全国人大通过任命决定后，还须国家主席颁布任职命令才能生效。（3）选举结果在获得上级机关批准时生效。例如，根据地方组织法和人民检察院组织法规定，地方各级人民检察院检察长经本级人大选举后，还须报上一级人民检察院检察长提请该级人大常委会批准，因此，地方各级人民检察院检察长的选举结果，必须在获得上一级人大常委会批准后方能生效。

选任制公务员可因任期届满不再连任、辞职、被罢免、被撤职而终止任职。但因终止任职的方式不同，具体终止的时间也有所不同：（1）任期届满不再连任的，以新的一届公务员产生时为任职终止时间；（2）辞职的，以辞职获得批准时为任职终止时间；（3）被罢免或被撤职的，自罢免或撤职决定生效时任职终止。

88 什么是委任制公务员？

委任制公务员是指在其任免权限范围内，直接确定并委派某人担任一定职务而产生的公务员。《公务员法》第四十二条规定，委任制公务员试用期满考核合格，职务、职级发生变化，以及其他情形需要任免职务、职级的，应当按照管理权限和规定的程序任免。公务员获得履行公职的权力、承担相应的责任和义务，以公务员获得任命为开始，以被免去职务为结束，因此，建立正常的公务员任免制度，是保证公务员有序管理的重要条件。

委任制公务员应当获得任命或者办理免职的情形，主要有以下几种：（1）新录用的人员试用期满合格的。主要是指经公务员录用考试合格，进入机关工作的人员。（2）从国有企业事业单位、人民团体和群众团体中调入机关任职的。（3）转换职位任职的，包括转任、轮换和挂职锻炼等。转任是指公务员因工作需要或其他正当理由在行政机关内平级调动；轮换是担任领导职务和某些工作性质特殊的非领导职务的公务员，根据安排有计划地从一个职位转换到另一个职位；挂职锻炼是机关选派公务员在一定时间内到基层或上级单位或企事业单位工作，以增加公务员不同单位的工作经验。（4）晋升或降低职务。晋升是由较低职务升任较高职务；降职是由较高职务降任到较低职务。（5）其他情形。主要是指由于机构调整、撤并等，原机构公务员到新的职位上任职。

委任制公务员应当办理免职的情形，主要有以下几种：（1）转换职位任职的，包括转任、轮换，应当免去原来职务。（2）晋升或者降低职务的，应当免去原来职务。（3）离职学习期限超过一年。

（4）因健康原因不能坚持正常工作一年以上的。（5）退休的。

89 公务员晋升领导职务的程序是什么？

公务员晋升领导职务，应当具备拟任职务所要求的思想政治素质、工作能力、文化程度和任职经历等方面的条件和资格。公务员晋升领导职务应当逐级晋升。特别优秀的或者工作特殊需要的，可以按照规定破格或者越级晋升。《公务员法》第四十六条规定，公务员晋升领导职务，按照下列程序办理：（1）动议；（2）民主推荐；（3）确定考察对象，组织考察；（4）按照管理权限讨论决定；（5）履行任职手续。该法第四十八条规定，公务员晋升领导职务的，应当按照有关规定实行任职前公示制度和任职试用期制度。

90 公务员或公务员集体在什么情况下，可给予奖励？

费兴耀，上海市公安局长宁公局新华路派出所社区民警。曾荣获全国先进工作者、全国特级优秀人民警察、全国优秀人民警察；上海市劳动模范、上海市人民满意公务员、上海市优秀共产党员、上海市“东方卫士”等荣誉称号；曾荣立一等功 1 次，二等功 1 次，三等功 8 次。费兴耀是一名普通的社区民警。他的管段是典型的“上海新里弄”，辖区居民1300多户，新老住宅并存，中外居民共居。多年来他扎根社区，向所有居民公布BP机号码，承诺“有呼必回，有求必应”。为适应新形势的需要，在实有人口管理工作中独创“上门联系法、簿册梳理法、分类管理法、提前介入法”的工作法，取得了突出成绩，被公安部在全国推广；他情系百姓，始终关注辖区平安，根据社区治安特点，在每条弄堂建立居民自治小组，推行了“24小时全天候”防范模式，完善小区防范措施。在经费紧张的情况下，自己出钱组建地区夜间护卫队。费兴耀以全心全意的真情付出赢得了辖区居民的信任和支持，被誉为“当代马天民”，是上海新一代社区民警的杰出代表。他作为一名公务员，在工作中表现突出，有显著的成绩和贡献，政府给予了其奖励。

公务员作为国家公职人员，依法履行职务。在公务员群体中对表现突出的人或集体给予奖励，这不仅可激发他们的工作热情，还能起到模范带头作用，创造更好的工作成绩。奖励坚持精神奖励与物质奖励相结合、以精神奖励为主的原则。《公务员法》第五十二条规定，公务员或者公务员集体有下列情形之一的，给予奖励：（1）忠于职守，积极工作，勇于担当，工作实绩显著的；（2）遵纪守法，廉洁奉公，作风正派，办事公道，模范作用突出的；（3）在工作中有发明创造或者提出合理化建议，取得显著经济效益或者社会效益的；（4）为增进民族团结、维护社会稳定做出突出贡献的；（5）爱护公共财产，节约国家资财有突出成绩的；（6）防止或者消除事故有功，使国家和人民群众利益免受或者减少损失的；（7）在抢险、救灾等特定环境中做出突出贡献的；（8）同违法违纪行为作斗争有功绩的；（9）在对外交往中为国家争得荣誉和利益的；（10）有其他突出功绩的。该法第五十三条规定，奖励分为：嘉奖、记三等功、记二等功、记一等功、授予称号。对受奖励的公务员或者公务员集体予以表彰，并对受奖励的个人给予一次性奖金或者其他待遇。

91 公务员或公务员集体获得的奖励能否被撤销？

胡某大学毕业后成功考入了某局，成了一名公务员。胡某在工作中积极钻研，发明了一个公务办公系统，使得单位的工作效率大大提高，为单位取得了显著效益。2010 年在年度总结表彰大会上，胡某被当地人大常委会授予了“公务员能手”荣誉称号。2015 年 5 月，因严重违纪并涉嫌违法犯罪，胡某被开除党籍、公职。随后又被撤销了“公务员能手”荣誉称号，被停止享受有关待遇，收回奖章、证书。

对公务员或者公务员集体的奖励，并非不能改变，当存在不能获得奖励的情况时是可以撤销奖励的。《公务员法》第五十六条规定，公务员或者公务员集体有下列情形之一的，撤

销奖励：（1）弄虚作假，骗取奖励的；（2）申报奖励时隐瞒严重错误或者严重违反规定程序的；（3）有严重违纪违法等行为，影响称号荣誉的；（4）有法律、法规规定应当撤销奖励的其他情形的。《公务员奖励规定（试行）》第十六条规定，公务员、公务员集体有下列情形之一的，撤销奖励：（1）申报奖励时隐瞒严重错误或者弄虚作假，骗取奖励的；（2）严重违反规定奖励程序的；（3）获得荣誉称号后，公务员受到开除处分、劳动教养、刑事处罚的，公务员集体严重违法违纪、影响恶劣的；（4）法律、法规规定应当撤销奖励的其他情形。

授予荣誉称号，是国家奖励先进、表彰优秀的一种激励方式，旨在树立典型引导广大公务员以此为榜样积极学习，鼓励大家争取先进。如果被授予荣誉的先进榜样存在违法的不良情形，那么就会损害国家公务员的整体形象，引导其他人走向错误道路。根据《公务员奖规定（试行）》的规定，公务员获得荣誉称号后受到刑事处罚的，应当要撤销奖励。以上案例中，胡某因严重违纪并涉嫌违法犯罪被开除其党籍、公职，其依法应被撤销“公务员能手”荣誉称号。

92 公务员不得有哪些违纪违法的行为？

公务员是国家的公职人员，其工资福利由国家财政负担，其行为依法受到监督。根据《公务员法》第五十九条的规定，公务员应当遵纪守法，不得有下列行为：

（1）散布有损宪法权威、中国共产党和国家声誉的言论，组织或者参加旨在反对宪法、中国共产党和国家的集会、游行、示威等活动。

（2）组织或者参加非法组织，组织或者参加罢工。

（3）挑拨、破坏民族关系，参加民族分裂活动或者组织、利用宗教活动破坏民族团结和社会稳定。

（4）不担当，不作为，玩忽职守，贻误工作。

（5）拒绝执行上级依法作出的决定和命令。

（6）对批评、申诉、控告、检举进行压制或打击报复。

（7）弄虚作假，误导、欺骗领导和公众。

（8）贪污、贿赂，利用职务之便为自己或者他人谋取私利。

（9）违反财经纪律，浪费国家资财。

（10）滥用职权，侵害公民、法人或者其他组织的合法权益。

（11）泄露国家秘密或者工作秘密。

（12）在对外交往中损害国家荣誉和利益。

（13）参与或者支持色情、吸毒、赌博、迷信等活动。

（14）违反职业道德、社会公德和家庭美德。

（15）违反有关规定参与禁止的网络传播行为或者网络活动。

（16）违反有关规定从事或者参与营利性活动，在企业或者其他营利性组织中兼任职务。主要从两个方面来理解此项中的“营利性”：一是公务员参与的活动或参加的组织所从事的活动以营利性为目的。二是参加的活动或参加的组织的收入在成员中进行分配。《公务员法》禁止公务员兼任一切营利性组织的职务，但是并不禁止公务员进行一切经济行为，而是严格限制公务员参与经营活动。比如，公务员可以依照规定在证券市场上进行申购、购买股票等有价证券的活动，但是不允许其参与上市企业的日常经营管理活动。例如，王某是一名公务员，他可以用其合法的财产以合法的方式投资于证券市场，买卖股票和证券投资基金的行为。在买卖股票和证券投资基金时，应当遵守有关法律、法规的规定。这是其对自己的资金进行投资的一种行为，法律上并不禁止，但王某不能参与上市企业的日常经营管理活动。

（17）旷工或者因公外出、请假期满无正当理由逾期不归。

（18）违纪违法的其他行为。

93 对公务员的处分有哪些？

胡某是公安局的民警，其朋友王某与邻居郑某存在矛盾。胡某为帮王某教训郑某。胡某以公安民警的身份对郑某进行盘问，并殴打了郑某。县公安局在接到了郑某的报案后调查了案件情况。经鉴定，郑某已构成轻微伤。县公安局对胡某作出了处理：行政拘留 10 天，同时给予降级处分。

在整个公务员队伍中并不是所有的公务员都能依法履行公职。对于公务员的违纪违法行为应当依照法律给予处分或者由监察机关依法给予政务处分。其中，对违纪违法行为情节轻微，经批评教育后改正的，可以免予处分。《公务员法》对公务员的处分是分等级的，对不同的违法违纪行为都有恰当的处罚方式。《公务员法》第六十二条规定，处分分为：警告、记过、记大过、降级、撤职、开除。此外，警告的处分期间是六个月；记过的处分期间是十二个月；记大过的处分期间是十八个月；降级、撤职的处分期间是二十四个月。

94 解除降级、撤职处分是否意味着恢复原级别、原职务和原职级？

降级指降低级别；撤职指撤销公务员所担任的职务的纪律制裁方式。受撤职处分的同时应当降低级别。降级和撤职是公务员的两种不同的处分方式。公务员在受降级或撤职的处分期间，不仅不得晋升职务和级别，而且也不得晋升工资档次。《公务员法》第六十五条规定，公务员受开除以外的处分，在受处分期间有悔改表现，并且没有再发生违纪违法行为的，处分期满后

自动解除。解除处分后，晋升工资档次、级别和职务、职级不再受原处分的影响。但是，解除降级、撤职处分的，不视为恢复原级别、原职务、原职级。例如，某一副省级干部因公款消费被降为正局级。若在降级的二十四个月期间，其没有再发生违纪行为，处分期满后解除处分，但这并不意味着其可以又恢复到副省级。解除处分只意味着原处分不再影响其晋升。

95 对公务员的培训方式有哪些？

参加培训既是公务员的权利，也是公务员的义务。《公务员法》第六十六条规定，机关根据公务员工作职责的要求和提高公务员素质的需要，对公务员进行分类分级培训。国家建立专门的公务员培训机构。机关根据需要也可以委托其他培训机构承担公务员培训任务。

该法第六十七条规定了以下几种情况需要对公务员进行培训：（1）机关对新录用人员应当在试用期内进行初任培训。初任培训是对新录用公务员进行的培训，培训内容主要包括政治理论、依法行政、公务员法和公务员行为规范、机关工作方式方法等基本知识和技能，重点提高新录用公务员适应机关工作的能力。（2）对晋升领导职务的公务员应当在任职前或者任职后一年内进行任职培训。任职培训是按照新任职务的要求，对晋升领导职务的公务员进行的培训，培训内容主要包括政治理论、领导科学、政策法规、廉政教育及所任职务相关业务知识等，重点提高其胜任领导工作的能力。（3）对从事专项工作的公务员应当进行专门业务培训。专门业务培训是根据公务员从事专项工作的需要进行的专业知识和技能培训，重点提高公务员的业务工作能力。（4）对全体公务员应当进行提高政治素质和工作能力、更新知识的在职培训。其中，对专业技术类公务员，应当进行专业技术培训。国家有计划地加强对优秀年轻公务员的培训。

96 什么是公务员交流制度？

《公务员法》第六十九条第一款规定，国家实行公务员交流制度。公务员可以在公务员和参照《公务员法》管理的工作人员队伍内部交流，也可以与国有企业和不参照《公务员法》管理的事业单位中从事公务的人员交流。

公务员的交流方式包括调任和转任。国有企业、高等院校和科研院所以及其他不参照《公务员法》管理的事业单位中从事公务的人员，可以调入机关担任领导职务或者四级调研员以上及其他相当层次的职级。

调任人选应当具备《公务员法》第十三条规定的条件和拟

任职位所要求的资格条件，并不得有《公务员法》第二十六条规定的情形。调任机关应当根据上述规定，对调任人选进行严格考察，并按照管理权限审批，必要时可以对调任人选进行考试。公务员在不同职位之间转任应当具备拟任职位所要求的资格条件，在规定的编制限额和职数内进行。对省部级正职以下的领导成员应当有计划、有重点地实行跨地区、跨部门转任。对担任机关内设机构领导职务和其他工作性质特殊的公务员，应当有计划地在本机关内转任。此外，公务员应当服从机关的交流决定。公务员本人申请交流的，按照管理权限审批。

97 什么是公务员任职回避？

国家公职人员在一定情况下需要进行任职回避，一方面有利于阻断各种人情关系，另一方面可以防止以权谋私。《公务员法》第七十四条规定，公务员之间有夫妻关系、直系血亲关系、三代以内旁系血亲关系以及近姻亲关系的，不得在同一机关双方直接隶属于同一领导人员的职位或者有直接上下级领导关系的职位工作，也不得在其中一方担任领导职务的机关从事组织、人事、纪检、监察、审计和财务工作。公务员不得在其配偶、子女及其配偶经营的企业营利性组织的行业监管或者主管部门担任领导成员。因地域或者工作性质特殊，需要变通执行任职回避的，由省级以上公务员主管部门规定。例如，张部长的秘书小王与张部长的女儿登记结婚。此前，王秘书向机关人事部门递交领取结婚登记介绍申请的同时，也递交了一份要求调离该部门到其他部门的申请书。因为王秘书与张部长的女儿结婚，其与张部长形成了近姻亲关系，属于应当回避的亲属关系。

98 什么是公务员地域回避?

地域回避是对公务员的任职地区进行一定的限制，要求公务员不得在自己的本籍或原籍担任公职。《公务员法》第七十五条规定，公务员担任乡级机关、县级机关、设区的市级机关及其有关部门主要领导职务的，应当按照有关规定实行地域回避。该条是对公务员地域回避的法律规定，地域回避适用的范围是乡级机关、县级机关及其有关部门主要领导，如法院院长、人事局长、公安局长等。地域回避的主要目的是通过限制公务员在本籍或原籍任职，尽量避免亲属关系对工作的干扰，避免熟人社会关系，为公务员提供了一个好的社会环境。例如，小刘是A市人，其在法院系统工作，则不能担任A市中级人民法院院长。还需注意的是，在实行地域回避时，也要处理好与民族区域自治的关系，要善于做好人员的调整工作。

99 什么是公务员执行公务回避？

《公务员法》第七十六条规定，公务员执行公务时，有下列情形之一的，应当回避：（1）涉及本人利害关系的；（2）涉及与本人有《公务员法》第七十四条第一款所列亲属关系人员的利害关系的；（3）其他可能影响公正执行公务的。亲属关系人员包括与公务员有夫妻关系、直系血亲关系、三代以内旁系血亲关系以及近姻亲关系的人员。执行公务时涉及本人利害关系的应当回避，这是为了保证国家机关工作人员廉洁、公正地进行办公，也能提升人民对政府的信任。例如，某县公安局局长李某的儿子因打架致人重伤。身为直接主管社会治安的部门领导李某不能参与该案的办理，更不能以"打招呼"的方式影响办案人员办案。

100 公务员的工资制度是什么？

公务员工资制度是指公务员依法履行职责、完成本职工作后，国家以法定货币支付给公务员个人劳动报酬的制度。公务员在国家机构担任公职人员，履行公务职责，为人民服务，也应当享有领取工资的权利，公务员工资应当按时足额发放。《公务员法》第七十九条规定，公务员实行国家统一规定的工资制度。公务员工资制度贯彻按劳分配的原则，体现工作职责、工作能力、工作实绩、资历等因素，保持不同领导职务、职级、级别之间的合理工资差距。国家建立公务员工资的正常增长机制。这是对我国公务员工资制度的规定。

公务员工资包括基本工资、津贴、补贴和奖金。公务员按照国家规定享受地区附加津贴、艰苦边远地区津贴、岗位津贴等津贴。公务员按照国家规定享受住房、医疗等补贴、补助。除此以外，公务员在定期考核中被确定为优秀、称职的，按照国家规定享受年终奖金。

此外，公务员的工资水平应当与国民经济发展相协调、与社会进步相适应。国家实行工资调查制度，定期进行公务员和企业相当人员工资水平的调查比较，并将工资调查比较结果作为调整公务员工资水平的依据。同时，《公务员法》第八十四条规定，任何机关不得违反国家规定自行更改公务员工资、福利、保险政策，擅自提高或者降低公务员的工资、福利、保险待遇。任何机关不得扣减或者拖欠公务员的工资。

101 公务员有哪些情形时，不得辞去公职？

公务员辞职并不罕见，对于公务员提出的辞职申请，是否一定能获得批准呢？企业的劳动者按照法律规定是可以解除劳动合同的，而公务员系履行国家公职的人员，当存在某些情形时，是不得辞去公职的。《公务员法》第八十六条规定，公务员有下列情形之一的，不得辞去公职：（1）未满国家规定的最低服务年限的；（2）在涉及国家秘密等特殊职位任职或者离开上述职位不满国家规定的脱密期限的；（3）重要公务尚未处理完毕，且须由本人继续处理的；（4）正在接受审计、纪律审查、监察调查，或者涉嫌犯罪，司法程序尚未终结的；（5）法律、行政法规规定的其他不得辞去公职的情形。例如，2014年，小刘通过公务员考试进入某市政府工作，根据《新录用公务员任职定级规定》第六条规定，新录用公务员在机关最低服务年限为五年（含试用期），小刘的最低服务年限是五年。但小刘的女友在另外一个城市工作，小刘和女友一直分居两地。2017年，小刘想辞去公务员职务，到女友所在城市工作。然而，因为小刘还未满最低服务年限，不能辞去该公职。

102 公务员存在哪些情形时，可以予以辞退？

有人认为只要考上了公务员，就有了“铁饭碗”，不用再担心工作问题了。但并不是只要考上了公务员，无论在工作中做了什么，都会一直是公务员。

《公务员法》第八十八条规定，公务员有下列情形之一的，予以辞退：（1）在年度考核中，连续两年被确定为不称职的；（2）不胜任现职工作，又不接受其他安排的；（3）因所在机关调整、撤销、合并或者缩减编制员额需要调整工作，本人拒绝合理安排的；（4）不履行公务员义务，不遵守公务员纪律，经教育仍无转变，不适合继续在机关工作，又不宜给予开除处分的；（5）旷工或者因公外出、请假期满无正当理由逾期不归连续超过十五天，或者一年内累计超过三十天的。

也就是说，作为一名公务员，当存在以上规定的几种情况时，就会被辞退。一旦被辞退，就不再属于公务员了。例如，小李是一名公务员，在某县财政局上班。小李想出去旅游，又没有假期，在未办理任何请假手续的情况下，一直未去单位上班，连续旷工出去游玩了20天。小李的该行为符合公务员辞退的情形，一旦被辞退，就不再是公务员了。

103 公务员存在哪些情形时，不得被辞退？

为了保护公务员的合法权益，公务员不能被随意辞退。《公务员法》第八十九条规定了公务员不得被辞退的情形。（1）因公致残，被确认丧失或者部分丧失工作能力的。这种情况是指公务员在工作中遭遇事故或者因工作原因（环境）造成残疾，并且使其丧失或者部分丧失了工作能力。小西是某县政府工作人员，在一次公务出差过程中发生交通事故，造成五级伤残，部分丧失工作能力，这种情形下，小西是不得被辞退的。（2）患病或者负伤，在规定的医疗期内的。公务员在工作中患了重病，在工作中或者生活中负伤，精神和经济的压力增加了，需要所在机关予以特别的关怀和爱护，不得随意辞退。不同的疾病和伤情，治疗期长短不同，对此应按有关规定执行。（3）女性公务员在孕期、产假、哺乳期内的。孕期、产假、哺乳期是女性的特殊时期。为了保障女性的合法权益，上述期间内的女性公务员不得被辞退。（4）法律、行政法规规定的其他不得辞退的情形。这是一个兜底条款，有利于把辞退限定在适当的范围内，防止辞退的滥用。

104 公务员可以退休的情形有哪些？

公务员退休是指公务员从事公务达到一定的年龄或一定的时期，退出公职，取得一定物质帮助的制度。公务员有应当退休和提前退休两种方式。应当退休是强制性的，《公务员法》第九十二条规定，公务员达到国家规定的退休年龄或者完全丧失工作能力的，应当退休。国家规定的公务员退休年龄为：男性公务员年满 60 周岁，女性公务员年满 55 周岁。当公务员完全丧失工作能力时，就不能在公务员岗位上进行工作了，也应当退休。

提前退休是指不具备应当退休的条件，但在一定条件下，自愿提出申请，经任免机关批准，可以提前退休，并享受退休待遇。《公务员法》第九十三条规定了本人自愿申请提前退休的公务员须满足下列条件之一：（1）工作年限满三十年的。这是指公务员在国家机关工作的第一年到提出退休的那一年止，公务员一共在机关至少工作了三十年整。（2）距国家规定的退休年龄不足五年，且工作年限满二十年的。按照有关规定，男性公务员一般在五十五岁以上，并且在机关至少工作二十年整的可以提前退休；女性公务员一般在五十岁以上，并且在机关工作至少二十年整的可以提前退休。（3）符合国家规定的可以提前退休的其他情形。这种情况一般是指特殊岗位的公务员，由于其岗位特殊的工作条件，为保护其健康，国家允许其提前退休。例如，从事核试验、野外作业以及工作过程中会涉及有毒有害物质的公务员，可以按照规定提前退休。

公务员退休后，享受国家规定的退休金和其他待遇，国家为其生活和健康提供必要的服务和帮助，鼓励发挥个人专长，参与社会发展。

105 公务员在什么情况下可以提出申诉？

孙某某于 1986 年调入鹤岗市松鹤公园工作。1989 年，孙某某先后调入鹤岗市向阳区城建局、鹤岗市向阳区经委、鹤岗市东山区人民医院任会计。1998年，孙某某调入鹤岗市向阳区人民政府处工作，直至2015年鹤岗市向阳区人民政府通知孙某某办理退休手续时，孙某某才得知其为工人编制而不是公务员编制。孙某某在向多部门反映未果的情况下，于2016年2月1日向法院提起行政诉讼，请求人民法院判决鹤岗市向阳区人民政府恢复孙某某的录用公务员编制，并赔偿原告经济损失80万元。在该案中，人民法院驳回了孙某某的起诉，理由是录用公务员的人事处理问题，不属于人民法院行政审判的权限范围。对于该问题，孙某某应当向原机关申请复核，对复核结果不服的向同级公务员主管部门或者作出该人事处理的机关的上一级机关提出申诉或者直接申诉。

《公务员法》第九十五条规定，公务员对涉及本人的下列人事处理不服的，可以自知道该人事处理之日起三十日内向原处理机关申请复核；对复核结果不服的，可以自接到复核决定之日起十五日内，按照规定向同级公务员主管部门或者作出该人事处理的机关的上一级机关提出申诉；也可以不经复核，自知道该人事处理之日起三十日内直接提出申诉：（1）处分；（2）辞退或者取消录用；（3）降职；（4）定期考核定为不称职；（5）免职；（6）申请辞职、提前退休未予批准；（7）不按照规定确定或者扣减工资、福利、保险待遇；（8）法律、法规规定可以申诉的其他情形。对省级以下机关作出的申诉处理决定不服的，可以向作出处理决定的上一级机关提出再申诉。受理公务员申诉的机关应当组成公务员申诉公正委员会，负责受理和审理公务员的申诉案件。公务员对监察机关作出的涉及本人的处理决定不服向监察机关申请复审、复核的，按照有关规定办理。该条规定了公务员在哪些情况下可以提出申诉，公务员可以选择先复核再申诉，也可选择直接提出申诉。此外，公务员在提出申诉的过程中，不得捏造事实、诬告他人。

106《公务员法》对聘任制公务员的规定有哪些?

《公务员法》用第十六章一整章对“职位聘任”进行规定。

机关根据工作需要，经省级以上公务员主管部门批准，可以对专业性较强的职位和辅助性职位实行聘任制。对涉及国家秘密的职位，不实行聘任制。机关聘任公务员可以参照公务员考试录用的程序进行公开招聘，也可以从符合条件的人员中直接选聘。机关聘任公务员应当在规定的编制限额和工资经费限额内进行。机关聘任公务员，应当按照平等自愿、协商一致的原则，签订书面的聘任合同，确定机关与所聘公务员双方的权利、义务。聘任合同应当具备合同期限，职位及其职责要求，工资、福利、保险待遇，违约责任等条款。聘任合同期限为一年至五年。聘任合同可以约定试用期，试用期为一个月至十二个月。聘任制公务员实行协议工资制，具体办法由中央公务员主管部门规定。聘任合同经双方协商一致可以变更或者解除。聘任合同的签订、变更或者解除，应当报同级公务员主管部门备案。

机关依据《公务员法》和聘任合同对所聘公务员进行管理。聘任制公务员与所在机关之间因履行聘任合同发生争议的，可以自争议发生之日起六十日内申请仲裁。省级以上公务员主管部门根据需要设立人事争议仲裁委员会，受理仲裁申请。人事争议仲裁委员会由公务员主管部门的代表、聘用机关的代表、聘任制公务员的代表以及法律专家组成。当事人对仲裁裁决不服的，可以自接到仲裁裁决书之日起十五日内向人民法院提起诉讼。仲裁裁决生效后，一方当事人不履行的，另一方当事人可以申请人民法院执行。

107 领导成员的公务员辞去公职或者退休后有哪些限制？

领导成员的公务员在辞职或者退休前，在单位中都会有一定的威信，且与单位的在职公务员有交集。为了防止领导成员的公务员在辞职或退休后，利用原来在单位中的人际关系为自己谋取利益，《公务员法》第一百零七条规定，公务员辞去公职或者退休的，原系领导成员、县处级以上领导职务的公务员在离职三年内，其他公务员在离职两年内，不得到与原工作业务直接相关的企业或者其他营利性组织任职，不得从事与原工作业务直接相关的营利性活动。公务员辞去公职或者退休后有违反前述规定行为的，由其原所在机关的同级公务员主管部门责令限期改正；逾期不改正的，由县级以上市场监管部门没收该人员从业期间的违法所得，责令接收单位将该人员予以清退，并根据情节轻重，对接收单位处以被处罚人员违法所得一倍以上五倍以下的罚款。例如，甲市王某原是市商务局对外贸易处副处长，退休后第二年，到其原主管的国有贸易公司任董事长。经人反映，当地组织人事部门责令其限期改正，但王某认为自己已经退休，能够利用专业知识为社会服务，既可丰富自己的晚年生活，也增加个人收入，不愿辞去董事长职务，后来市工商行政管理局对其进行了查处。根据《公务员法》对领导成员的公务员辞去公职或者退休后的限制性规定，因王某原是甲市商务局对外贸易处副处长，属于领导级别；他退休后的第二年，到与原工作业务直接相关的企业任职，这违反了《公务员法》的规定。

108 对行政机关公务员给予处分应当注意哪些问题？

行政机关公务员依法履行职责的行为受法律保护，但当行政机关公务员违反法律、法规、规章及行政机关的决定、命令，应当承担纪律责任的，依照《行政机关公务员处分条例》给予处分，以严肃行政机关纪律，同时促使行政机关公务员遵纪守法、依法行政。

首先，行政机关公务员的职务行为是否依法而行，都是有明确的法律规定的。对行政机关公务员的处分并不是可以随意进行的，必须有法定事由，且经法定程序。即若无法定事由，未经法定程序不能对行政机关公务员进行处分，这也体现了法律对行政机关公务员职务行为的保护。

其次，给予行政机关公务员处分，应当坚持公正、公平和教育与惩处相结合的原则。对行政机关公务员的处分并不是一味给予惩处，同时也带有教育目的。给予行政机关公务员处分，应当与其违法违纪行为的性质、情节、危害程度相适应。不能因为一个轻微的违法违纪行为而给予严重的处分，也不能因为一个严重的违法违纪行为而给予轻微的处分。给予行政机关公务员处分，应当事实清楚、证据确凿、定性准确、处理恰当、程序合法、手续完备。给予的处分必须满足以上条件才能让受处分人信服和接受，更让大家相信处分的公平公正。

最后，对行政机关公务员违法违纪涉嫌犯罪的，应当移送司法机关依法追究刑事责任。行政机关公务员的违法违纪行为未涉嫌犯罪的，行政机关可以按规定给予相应的处分。一旦涉嫌犯罪，则应当由司法机关追究刑事责任。

109 行政机关公务员同时有两种以上行为需要处分的，应如何处理？

行政机关公务员处分的种类有警告、记过、记大过、降级、撤职、开除。当行政机关公务员只存在一种行为违反相关规定需要给予处分时，一般来讲只给予一种处分。若行政机关公务员同时有两种以上违法违纪行为需要处分，根据《行政机关公务员处分条例》第十条的规定，应当分别确定其处分。应当给予的处分种类不同的，执行其中最重的处分；应当给予撤职以下多个相同种类处分的，执行该处分，并在一个处分期以上、多个处分期之和以下，决定处分期。行政机关公务员在受处分期间受到新的处分的，其处分期为原处分期尚未执行的期限与新处分期限之和。处分期最长不得超过 48 个月。

行政机关公务员同时有两种需要处分的行为，不是说两种行为是同时发生的，而是在对其调查的过程中，作出处分决定前，发现行政机关公务员存在两种以上的违法违纪行为。对此应当根据不同行为分别确定处分。（1）如果违法违纪行为人的行为目的只有一个，但其行为的实施方法或者结果违反了多个行政义务，一般选择处分最重的一个违法违纪行为进行处理。例如，一名行政机关公务员实施了两个违法违纪行为，根据规定分别应当给予降级和记过处分，处理时只执行最重的处分即降级处分，处分期也只执行降级的处分期，即 24 个月。（2）如果违法违纪行为人的行为目的只有一个，但实施了两个以上同种行为，就应以一种违法违纪行为的较重情节处理。例如，一名行政机关公务员一人实施了两个违法违纪行为，分别都应当给予记大过处分时，给予记大过处分，但是其处分期的计算则不应按照《行政机关公务员处分条例》第七条规定的处分期确定为 18 个月，而应当在一个记大过的处分期（即 18 个月）以上，两个处分期之和（即 36 个月）以下，决定应当执行的处分期。（3）该条还规定处分期最长不得超过 48 个月。例如，一个行政机关公务员受到降级处分，处分期为 24 个月，执行 6 个月后，发现有遗漏的违法违纪行为，应当给予记大过处分，记大过的处分期为 18 个月，之前尚未执行完的处分期为 18 个月，两者相加为 36 个月，其应当执行的处分期就是 36 个月。若新发现违法违纪的处分期和以前剩余的处分期超过 48 个月的，则按 48 个月计算。

110 行政机关公务员有哪些情形时，应当从重处分？

对行政机关公务员的从重处分主要是指在法定处分种类范

围和幅度内对行为人适用处罚较重的种类或者较高幅度的处分。《行政机关公务员处分条例》第十二条规定，有下列情形之一的，应当从重处分：（1）在2人以上的共同违法违纪行为中起主要作用的；（2）隐匿、伪造、销毁证据的；（3）串供或者阻止他人揭发检举、提供证据材料的；（4）包庇同案人员的；（5）法律、法规、规章规定的其他从重情节。对行政机关公务员的以上行为给予从重处分，加重行政机关公务员的责任，从而保证行政机关公务员处分与其违法违纪行为的性质、情节、危害程度相适应。

111 在何种情况下，应当对行政机关公务员从轻或减轻处分？

对行政机关公务员从轻处分主要是指在法定处分种类范围和幅度内对行为人适用处罚较轻的种类或者较小幅度的处分。《行政机关公务员处分条例》第十三条规定，有下列情形之一的，应当从轻处分：

（1）主动交代违法违纪行为，是指违法违纪行为人在被有关机关询问前如实交代违法违纪的事实，或者在被询问后如实交代未被发现的违法违纪的事实。在被有关机关询问前主动如实向组织交代的事实，包括有关机关未掌握的违法违纪行为人的违法违纪线索，以及违法违纪行为被发现而尚未确定违法违纪人的情况。在被有关机关询问的过程中主动交代有关机关已经掌握的违法违纪事实的，不是主动交代，只能视为违法违纪行为人的供述，在处理时可以作为认错态度好的表现予以考虑。此外，违法违纪行为人所交代的违法违纪的事实必须是全部的案件事实。无论有几个违法违纪行为，即使只交代一个违法违纪行为也算主动交代。所交代的事实不可以有虚假或者隐瞒，否则不算如实交代。同时所交代的事实还必须是自己的违法违纪行为，当然交代共同违法违纪中其他违法违纪行为人的违法违纪事实，或者交代了自己知道的共同违法违纪行为人的主要情况，也视为主动交代。

（2）主动采取措施，有效避免或者挽回损失的。这是涉及违法违纪中止的规定，即行为已经发生了，但还未完成。违法违纪行为人实施了违法违纪行为以后，主动采取措施，有效防止了危害结果的发生。

（3）检举他人重大违法违纪行为，情况属实的。这属于有立功表现，应当从轻处分。检举他人的违法违纪行为必须是重大的、情况属实的。“重大”的主要表现是违法违纪的金额大，或者违法违纪的人数多，或者违法违纪涉及领导人员，或者违法违纪行为的影响大等。如果检举的不是重大的违法违纪行为，则不能构成立功。违法违纪人不能为了从轻处分而诬告陷害他人，这是要受到法律制裁的。此外，提供重要线索，协助有关机关突破其他重大违法违纪案件的，也应当对违法违纪行为人从轻处分。

减轻处分是指在法定的最轻处罚种类和最小处罚幅度以下给予处罚。《行政机关公务员处分条例》第十四条规定，行政机关公务员主动交代违法违纪行为，并主动采取措施有效避免或者挽回损失的，应当减轻处分。须注意的是，要减轻处分必须同时要具备两个条件，一是行政机关公务员主动交代违法违纪行为；二是主动采取措施有效避免或者挽回损失的。如果只满足其中的一项都不能减轻处分。

112 行政机关公务员受处分有什么后果？

《行政机关公务员处分条例》第八条规定，行政机关公务员在受处分期间不得晋升职务和级别，其中，受记过、记大过、降级、撤职处分的，不得晋升工资档次；受撤职处分的，应当按照规定降低级别。行政机关公务员受开除以外的处分都是有时间限制的，在受处分期间内会对受处分的行政机关公务员有一定的限制。不同种类的处分有相同的限制，也有不同的限制。只要是受处分均不得晋升职务和级别，受警告处分的不存在对晋升工资档次有限制。受撤职处分的，则会降低级别。行政机关公务员一旦受处分都会影响其职业发展，在处分期满并满足一定条件时应当解除处分。

《行政机关公务员处分条例》第九条规定，行政机关公务员受开除处分的，自处分决定生效之日起，解除其与单位的人事关系，不得再担任公务员职务。行政机关公务员受开除以外的处分，在受处分期间有悔改表现，并且没有再发生违法违纪行为的，处分期满后，应当解除处分。解除处分后，晋升工资档次、级别和职务不再受原处分的影响。但是，解除降级、撤职处分的，不视为恢复原级别、原职务。例如，小刘本是某市公安局局长，因违法违纪被降为该市下属某县公安局局长，级别从副处级降为正科级，在处分期间有悔改表现，且再无违法违纪行为，处分期满后，解除处分。解除处分之后，小刘还是县公安局局长，为正科级，而不会恢复为原来的市公安局局长，也不会恢复为副处级。

113 行政机关公务员被判处刑罚的，对其违法违纪行为是否还要给予处分？

《行政机关公务员处分条例》第十七条规定，违法违纪的行政机关公务员在行政机关对其作出处分决定前，已经依法被判处刑罚、罢免、免职或者已经辞去领导职务，依法应当给予处分的，由行政机关根据其违法违纪事实，给予处分。依照刑法被判处刑罚的，行政机关依然应当要对其给予开除的处分。据此，对违法违纪的行政机关公务员已经被罢免、免职、辞去领导职务的，不会因为其已经被罢免、免职、辞去领导职务而不再给予处分。若行政机关公务员的行为不仅违反了《行政机关公务员处分条例》，更违反了刑法规定，在处分决定作出前已经依法被判处刑罚的，行政机关依然要根据其违法违纪事实给予相应的处分。也就是说，即使已经被判处刑罚，也不能免除处分。这里的刑罚是指《刑法》第三十三条规定的主刑，即管制、拘役、有期徒刑、无期徒刑、死刑和《刑法》第三十四条规定的附加刑，即罚金、剥夺政治权利、没收财产。行政机关公务员无论依法被判处主刑，还是被单处附加刑，或者被判处有期徒刑缓期执行的，无一例外地都要给予开除处分。

114 对哪些违法违纪行为，应给予撤职或者开除处分？

根据《行政机关公务员处分条例》第二十九条、第三十一条、第三十二条的规定，（1）行政机关公务人员吸食、注射毒品或者组织、支持、参与卖淫、嫖娼、色情淫乱活动的，给予撤职或者开除处分。吸食、注射毒品是指行政机关公务员违反政府禁令和国家有关毒品管理的法律、法规规定，吸食、注射毒品的行为。组织、支持、参与卖淫是指行政机关公务员违反社会管理和公务员管理方面的有关规定，为卖淫活动提供场所等方便条件，组织、支持他人或者自己参与卖淫活动的行为。（2）行政机关公务员参与赌博，情节严重的，给予撤职或者开除处分。参与赌博是指行政机关公务员违反国家有关规定，参与赌博活动的行为。（3）为赌博活动提供场所或者其他便利条件，情节严重的，给予撤职或者开除处分。为赌博活动提供场所或者其他便利条件是指行政机关公务员为赌博活动提供场所或者其他便利条件的行为。（4）在工作时间赌博的，屡教不改的，给予撤职或者开除处分。（5）挪用公款赌博的，给予撤职或者开除处分。挪用公款赌博是指行政机关公务员以营利为目的，以公款作赌注，采取斗牌、掷骰子等形式比输赢的行为。（6）包养情人的，给予撤职或者开除处分。

115 哪级人民政府可以决定对地方各级人民政府领导人员的处分？

《行政机关公务员处分条例》第三十六条对地方各级人民代表大会及其常务委员会选举或者决定任命的地方人民政府领导人员的处分权限作出了规定。（1）经地方各级人民代表大会及其常务委员会选举或者决定任命的地方各级人民政府领导人员有违法违纪行为的，须给予处分的，由上一级人民政府决定。（2）拟给予经县级以上地方人民代表大会及其常务委员会选举或者决定任命的县级以上地方人民政府领导人员撤职、开除处分的，应当先由本级人民政府向同级人民代表大会提出罢免建议。其中，拟给予县级以上地方人民政府副职领导人员撤职、开除处分的，也可以向同级人民代表大会常务委员会提出撤销职务的建议。（3）拟给予乡镇人民政府领导人员撤职、开除处分的，应当先由本级人民政府向同级人民代表大会提出罢免建议。罢免或者撤销职务前，上级人民政府可以决定暂停其履行职务。遇有特殊紧急情况时，省级以上人民政府认为必要时，也可以对其作出撤职或者开除的处分，同时报告同级人民代表大会常务委员会，并通报下级人民代表大会常务委员会。例如，某县县长，因违法违纪行为需给予警告处分的，应当由上级人民政府决定；某乡乡长因违法违纪行为拟被给予撤职处分的，则应当先由本级人民政府向同级人民代表大会提出罢免建议。

116 任免机关对涉嫌违法违纪的行政公务员的调查、处理的程序是什么？

任免机关对涉嫌违法违纪的行政公务员的调查、处理要按照以下程序进行。（1）经任免机关负责人同意，由任免机关有关部门对需要调查处理的事项进行初步调查。（2）任免机关有关部门经初步调查认为该公务员涉嫌违法违纪，需要进一步查证的，报任免机关负责人批准后立案。（3）任免机关有关部门负责对该公务员违法违纪事实做进一步调查，包括收集、查证有关证据材料，听取被调查的公务员所在单位的领导成员、有关工作人员以及所在单位监察机构的意见，向其他有关单位和人员了解情况，并形成书面调查材料，向任免机关负责人报告。（4）任免机关有关部门将调查认定的事实及拟给予处分的依据告知被调查的公务员本人，听取其陈述和申辩，并对其所提出的事实、理由和证据进行复核，记录在案。被调查的公务员提出的事实、理由和证据成立的，应予采信。（5）经任免机关领导成员集体讨论，作出对该公务员给予处分、免予处分或者撤销案件的决定。（6）任免机关应当将处分决定以书面形式通知受处分的公务员本人，并在一定范围内宣布。（7）任免机关有关部门应当将处分决定归入受处分公务员的档案，同时汇集有关材料形成该处分案件的工作档案。同时任免机关按照管理权限，对行政机关公务员的处分决定决定报公务员主管部门备案。

据此，某一行政机关公务员涉嫌违法违纪时，对其的调查、处理程序可概括为“初步调查—立案—调查取证—被调查的行政机关公务员的陈述、申辩—作出给予处分、免于处分或者撤销案件的决定—通知和宣布—归档—备案”。在初步调查过程中需要知道的是初步调查的决定权是任免机关的负责人才有的，其他人员没有权力作出。其中，有关部门一般是指人事部门或监察部门。

立案程序是调查处理的前提，不能先调查处理再立案。在调查取证阶段主要是收集各种类型的证据，用来证明需要查证的违法违纪事实。调查取证后要形成书面的调查材料，向任免机关负责人报告。在调查取证后听取被调查公务员的陈述和申辩是一项必经程序，这也是为了保护被调查公务员的合法权益。在这一过程中，被调查公务员所陈述和申辩的事实成立的，应当采信。只有经过这一程序才能进入下一个程序。在作出决定时，对于被调查公务员存在违法违纪的事实给予处分或者存在违法违纪的事实但情节轻微，经批评教育已改正的可免予处分或者不构成违法违纪的，作出撤销案件的决定。作出处分决定后须书面通知被处分公务员，并在一定范围内宣布处分决定。

117 哪些情况下，参与行政机关公务员违法违纪案件调查、处理的人员需要回避？

当存在参与行政机关公务员违法违纪案件调查、处理的人员与被调查的公务员有近亲属关系或者与被调查的案件有利害关系，或者与被调查的公务员有其他关系，可能影响案件公正处理时，参与行政机关公务员违法违纪案件调查、处理的人员应当提出回避申请或者被调查的公务员以及与案件有利害关系的公民、法人或者其他组织有权要求其回避。

《行政机关公务员处分条例》第四十三条规定，处分决定机关负责人的回避，由处分决定机关的上一级行政机关负责人决定；其他违法违纪案件调查、处理人员的回避，由处分决定机关负责人决定。处分决定机关或者处分决定机关的上一级行政机关，发现违法违纪案件调查、处理人员有应当回避的情形，可以直接决定该人员回避。例如，小刘在某县人民政府任职，因违法违纪被调查，小刘的舅舅恰好是该县县长，对小刘违法违纪案件的调查、处理，那么小刘的舅舅需要回避，小刘的舅舅不能参与对小刘违法违纪案件的调查，其回避应当由该县政府的上一级行政机关的负责人作出决定。

118 行政机关公务员对处分决定不服，如何寻求救济？

当行政机关公务员对处分决定不服时，可以根据相关法律规定申请复核或者申诉。这是赋予行政机关公务员的权利，避免作出对行政机关公务员不适当的处分。对行政机关公务员处分的撤销和变更的理由是不同的。《行政机关公务员处分条例》第四十九条规定，有下列情形之一的，受理公务员复核、申诉的机关应当撤销处分决定，重新作出决定或者责令原处分决定机关重新作出决定：（1）处分所依据的违法违纪事实证据不足的；（2）违反法定程序，影响案件公正处理的；（3）作出处分决定超越职权或者滥用职权的。该条例第五十条规定，有下列情形之一的，受理公务员复核、申诉的机关应当变更处分决定，或者责令原处分决定机关变更处分决定：（1）适用法律、法规、规章或者国务院决定错误的；（2）对违法违纪行为的情节认定有误的；（3）处分不当的。

受理公务员复核、申诉的机关包括原处理机关、同级公务员主管部门或者作出该处分的机关的上一级、有管辖权的监察机关。（1）在违法违纪证据不足的情况下作出的处分决定对被处分人员是不公正的，有此情况的应撤销处分。（2）违反法定程序，且影响到案件的公正处理时，应撤销处分决定。例如，调查员属于应当回避的情况却未回避，或未听取被调查公务员的申辩和陈述，影响了案件的公正处理，应撤销处分决定。虽然违反法定程序，但并未影响到案件的公正处理时，无须撤销处分决定。例如，小王因违法违纪被立案调查后，6个月内未作出处分决定，在第7个月时才作出处分决定。虽然违反了法定的结案期限，但并不存在处分不公正的情况，所以无须撤销处分决定。（3）变更处分决定是指在原来处分决定的内容上进行部分改变，包括三种情况，即适用法律、法规、规章或者国务院决定错误的；对违法违纪行为的情节认定有误的；处分不当的。当存在其中的任何一种就须进行变更。例如，小王的违法违纪行为本应给予警告处分，但却给予记过处分。这就属于处分不当，应当予以变更。

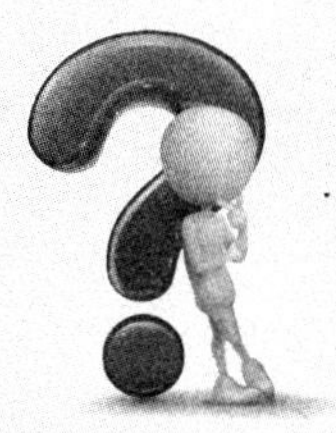

第六章

CHAPTER 6

监察法

119 监察委员会的性质是什么？

2018年3月20日第十三届全国人民代表大会第一次会议通过《监察法》，自公布之日起施行，《行政监察法》同时废止。《监察法》第三条规定："各级监察委员会是行使国家监察职能的专责机关，依照本法对所有行使公权力的公职人员（以下称公职人员）进行监察，调查职务违法和职务犯罪，开展廉政建设和反腐败工作，维护宪法和法律的尊严。"监察委员会是国家的监察机关，是行使国家监察职能的专责机关。习近平总书记指出，监察委员会实质上是反腐败工作机构。监察委员会作为行使国家监察职能的专责机关，与党的纪律检查机关合署办公，是实现党和国家自我监督的政治机关，不是行政机关、司法机关。

《监察法》第七条规定，中华人民共和国国家监察委员会是最高监察机关。省、自治区、直辖市、自治州、县、自治县、市、市辖区设立监察委员会。因此，我国监察机关共分四级，中华人民共和国国家监察委员会是最高监察机关，负责全国监察工作。省、自治区、直辖市、自治州、县、自治县、市、市辖区设立监察委员会，负责本行政区域内的监察工作。乡镇不设监察委员会。

120 监察委员会有哪些职能?

《监察法》第十一条规定，监察委员会依照该法和有关法律规定履行监督、调查、处置职责:(1)对公职人员开展廉政教育，对其依法履职、秉公用权、廉洁从政从业以及道德操守情况进行监督检查，监督所有公职人员行使公权力的行为是否正确，以确保权力不被滥用、确保权力在阳光下运行，把权力关进制度的笼子。(2)对涉嫌贪污贿赂、滥用职权、玩忽职守、权力寻租、利益输送、徇私舞弊以及浪费国家资财等职务违法和职务犯罪进行调查，对直接与反腐败密切相关的行为作出规定，体现调查工作的针对性和可操作性。(3)对违法的公职人员依法作出政务处分决定;对履行职责不力、失职失责的领导人员进行问责;对涉嫌职务犯罪的，将调查结果移送人民检察院依法审查、提起公诉;向监察对象所在单位提出监察建议。

121 各级监察委员会能否派出监察机构或者监察专员?

国家监察委员会领导地方各级监察委员会的工作，上级监察委员会领导下级监察委员会的工作。《监察法》第十二条规定，各级监察委员会可以向本级中国共产党机关、国家机关、法律法规授权或者委托管理公共事务的组织和单位以及所管辖的行政区域、国有企业等派驻或者派出监察机构、监察专员。监察机构、监察专员对派驻或者派出它的监察委员会负责。《监察法》第十三条规定，派驻或者派出的监察机构、监察专员根据授权，按照管理权限依法对公职人员进行监督，提出监察建议，依法对公职人员进行调查、处置。

根据上述规定可知各级监察委员会可以向法律所规定的组织、单位、行政区域、企业派驻或派出监察机构、监察专员。派驻或者派出的监察机构、监察专员可以根据相关规定行使监察职能。

122 监察机关的监察范围包括哪些？

《监察法》第十五条规定，监察机关对下列公职人员和有关人员进行监察：（1）中国共产党机关、人民代表大会及其常务委员会机关、人民政府、监察委员会、人民法院、人民检察院、中国人民政治协商会议各级委员会机关、民主党派机关和工商业联合会机关的公务员，以及参照《公务员法》管理的人员；（2）法律、法规授权或者受国家机关依法委托管理公共事务的组织中从事公务的人员；（3）国有企业管理人员；（4）公办的教育、科研、文化、医疗卫生、体育等单位中从事管理的人员；（5）基层群众性自治组织中从事管理的人员；（6）其他依法履行公职的人员。

根据该条规定可知，监察机关的监范围仅包括人，而不包括机关。该监察范围覆盖面广，须注意的是，将群众自治组织管理人员纳入监察范围，这是反腐败向基层延伸、解决群众身边的腐败问题的重要举措。

123 监察机关在履行职能时可以采取哪些措施？

（1）监察机关行使监督、调查职权，有权依法向有关单位和个人了解情况，收集、调取证据。（2）对可能发生职务违法的监察对象，监察机关按照管理权限，可以直接或者委托有关机关、人员进行谈话或者要求说明情况。（3）在调查过程中，对涉嫌职务违法的被调查人，监察机关可以要求其就涉嫌违法行为作出陈述，必要时向被调查人出具书面通知。对涉嫌贪污贿赂、失职渎职等职务犯罪的被调查人，监察机关可以进行讯问，要求其如实供述涉嫌犯罪的情况。（4）在调查过程中，监察机关可以询问证人等人员。（5）被调查人涉嫌贪污贿赂、失职渎职等严重职务违法或者职务犯罪，监察机关已经掌握其部分违法犯罪事实及证据，仍有重要问题需要进一步调查，并有涉及案情重大、复杂的；可能逃跑、自杀的；可能串供或者伪造、隐匿、毁灭证据的；可能有其他妨碍调查行为等情形之一的，经监察机关依法审批，可以将其留置在特定场所。（6）监察机关调查涉嫌贪污贿赂、失职渎职等严重职务违法或者职务犯罪，根据工作需要，可以依照规定查询、冻结涉案单位和个人的存款、汇款、债券、股票、基金份额等财产。（7）监察机关可以对涉嫌职务犯罪的被调查人以及可能隐藏被调查人或者犯罪证据的人的身体、物品、住处和其他有关地方进行搜查。（8）监察机关在调查过程中，可以调取、查封、扣押用以证明被调查人涉嫌违法犯罪的财物、文件和电子数据等信息。（9）监察机关在调查过程中，可以直接或者指派、聘请具有专门知识、资格的人员在调查人员主持下进行勘验检查。（10）监察机关在调查过程中，对于案件中的专门性问题，可以指派、聘请有专门知识的人进行鉴定。（11）监察机关调查涉嫌重大贪污贿赂等职务犯罪，根据需要，经过严格的批准手续，可以采取技术调查措施，按照规定交有关机关执行。（12）依法应当留置的被调查人如果在逃，监察机关可以决定在本行政区域内通缉，由公安机关发布通缉令，追捕归案。通缉范围超出本行政区域的，应当报请有权决定的上级监察机关决定。（13）监察机关为防止被调查人及相关人员逃匿境外，经省级以上监察机关批准，可以对被调查人及相关人员采取限制出境措施，由公安机关依法执行。

其中，谈话、讯问、询问、查询、冻结、调取、查封、扣押、搜查、勘验检查、鉴定、留置12项措施由监察机关决定和实施。技术调查、限制出境、通缉等措施，由监察委员会审批、交由公安机关等其他机关实施。

124 什么情况下，监察机关可以提出从宽处罚的建议？

《监察法》第三十一条规定，涉嫌职务犯罪的被调查人主动认罪认罚，有下列情形之一的，监察机关经领导人员集体研究，并报上一级监察机关批准，可以在移送人民检察院时提出从宽处罚的建议：（1）自动投案，真诚悔罪悔过的；（2）积极配合调查工作，如实供述监察机关还未掌握的违法犯罪行为的；（3）积极退赃，减少损失的；（4）具有重大立功表现或者案件涉及国家重大利益等情形的。该法第三十二条规定，职务违法犯罪的涉案人员揭发有关被调查人职务违法犯罪行为，查证属实的，或者提供重要线索，有助于调查其他案件的，监察机关经领导人员集体研究，并报上一级监察机关批准，可以在移送人民检察院时提出从宽处罚的建议。监察机关提出从宽处罚的建议都要经过严格的程序，必须先经监察机关领导人员集体研究，之后还须报上一级监察机关批准。

125 监察机关根据监督、调查结果，处置结果有哪些？

《监察法》第四十五条规定，监察机关根据监督、调查结果，依法作出如下处置：（1）对有职务违法行为但情节较轻的公职人员，按照管理权限，直接或者委托有关机关、人员，进行谈话提醒、批评教育、责令检查，或者予以诫勉；（2）对违法的公职人员依照法定程序作出警告、记过、记大过、降级、撤职、开除等政务处分决定；（3）对不履行或者不正确履行职责负有责任的领导人员，按照管理权限对其直接作出问责决定，或者向有权作出问责决定的机关提出问责建议；（4）对涉嫌职务犯罪的，监察机关经调查认为犯罪事实清楚，证据确实、充分的，制作起诉意见书，连同案卷材料、证据一并移送人民检察院依法审查、提起公诉；（5）对监察对象所在单位廉政建设和履行职责存在的问题等提出监察建议。监察机关经调查，对没有证据证明被调查人存在违法犯罪行为的，应当撤销案件，并通知被调查人所在单位。可见，针对监督、调查的不同情况的结果，处置的结果也是不同的，既有批评教育、予以诫勉较轻的处置，也有移送人民检察院依法审查、提起公诉的处置。

126 监察对象对监察决定不服的，如何处理？

《监察法》第四十九条规定，监察对象对监察机关作出的涉及本人的处理决定不服的，可以在收到处理决定之日起一个月内，向作出决定的监察机关申请复审，复审机关应当在一个月内作出复审决定；监察对象对复审决定仍不服的，可以在收到复审决定之日起一个月内，向上一级监察机关申请复核，复核机关应当在二个月内作出复核决定。复审、复核期间，不停止原处理决定的执行。复核机关经审查，认定处理决定有错误的，原处理机关应当及时予以纠正。

由此，监察对象对监察决定不服的有申请复审、复核的权利。申请复审、复核也有一定期限的限制。例如，王某被监察机关给予记大过的政务处分决定，王某不服该决定，其可以在收到处理决定之日起一个月内，向作出决定的监察机关申请复审，对复审决定仍不服的，可以在收到复审决定之日起一个月内，向上一级监察机关申请复核。

127 如何加强对监察机关及其工作人员的监督？

（1）加强检察机关对监察机关的监督制约。根据《监察法》

第四十五条的规定，涉嫌职务犯罪的，监察机关经调查认为犯罪事实清楚，证据确实、充分的，制作起诉意见书，连同案卷材料、证据，一并移送人民检察院依法审查、提起公诉。检察机关审查后，可以退回补充调查，可以作出起诉或者不予起诉的决定。根据《监察法》第四十七条的规定，对监察机关移送的案件，人民检察院依照《刑事诉讼法》对被调查人采取强制措施。人民检察院经审查，认为犯罪事实已经查清，证据确实、充分，依法应当追究刑事责任的，应当作出起诉决定。人民检察院经审查，认为需要补充核实的，应当退回监察机关补充调查，必要时可以自行补充侦查。对于补充调查的案件，应当在一个月内补充调查完毕。补充调查以二次为限。人民检察院对于有《刑事诉讼法》规定的不起诉的情形的，经上一级人民检察院批准，依法作出不起诉的决定。监察机关认为不起诉的决定有错误的，可以向上一级人民检察院提请复议。

（2）加强人大对监察委员会的有效监督。《监察法》第五十三条规定，各级监察委员会应当接受本级人民代表大会及其常务委员会的监督。各级人民代表大会常务委员会听取和审议本级监察委员会的专项工作报告，组织执法检查。县级以上各级人民代表大会及其常务委员会举行会议时，人民代表大会代表或者常务委员会组成人员可以依照法律规定的程序，就监察工作中的有关问题提出询问或者质询。

（3）设立内部专门的监督机构。《监察法》第五十五条规定，监察机关通过设立内部专门的监督机构等方式，加强对监察人员执行职务和遵守法律情况的监督，建设忠诚、干净、担当的监察队伍。

（4）建立打听案情、过问案件、说情干预登记备案制度。《监察法》第五十七条规定，对于监察人员打听案情、过问案件、说情干预的，办理监察事项的监察人员应当及时报告。有关情况应当登记备案。发现办理监察事项的监察人员未经批准接触被调查人、涉案人员及其特定关系人，或者存在交往情形的，知情人应当及时报告。有关情况应当登记备案。

（5）建立办理监察事项回避制度。《监察法》第五十八条规定，办理监察事项的监察人员有下列情形之一的，应当自行回避，监察对象、检举人及其他有关人员也有权要求其回避：①是监察对象或者检举人的近亲属的；②担任过本案的证人的；③本人或者其近亲属与办理的监察事项有利害关系的；④有可能影响监察事项公正处理的其他情形的。

（6）建立离岗离职从业限制制度。《监察法》第五十九条规定，监察机关涉密人员离岗离职后，应当遵守脱密期管理规定，严格履行保密义务，不得泄露相关秘密。监察人员辞职、退休三年内，不得从事与监察和司法工作相关联且可能发生利益冲突的职业。

（7）建立对监察机关及其工作人员不当行为的申诉制度。《监察法》第六十条规定，监察机关及其工作人员有下列行为之一的，被调查人及其近亲属有权向该机关申诉：①留置法定期限届满，不予以解除的；②查封、扣押、冻结与案件无关的财物的；③应当解除查封、扣押、冻结措施而不解除的；④贪污、挪用、私分、调换以及违反规定使用查封、扣押、冻结的财物的；⑤其他违反法律法规、侵害被调查人合法权益的行为。受理申诉的监察机关应当在受理申诉之日起一个月内作出处理决定。申诉人对处理决定不服的，可以在收到处理决定之日起一个月内向上一级监察机关申请复查，上一级监察机关应当在收到复查申请之日起二个月内作出处理决定，情况属实的，及时予以纠正。

（8）建立案件处置重大失误责任追究制度。《监察法》第六十一条规定，对调查工作结束后发现立案依据不充分或者失实，案件处置出现重大失误，监察人员严重违法的，应当追究负有责任的领导人员和直接责任人员的责任。

128 监察机关及其工作人员有哪些行为时，须对负有责任的领导人员和直接责任人员依法给予处理？

《监察法》第六十五条规定，监察机关及其工作人员有下列行为之一的，对负有责任的领导人员和直接责任人员依法给予处理:(1)未经批准、授权处置问题线索，发现重大案情隐瞒不报，或者私自留存、处理涉案材料的;(2)利用职权或者职务上的影响干预调查工作、以案谋私的;(3)违法窃取、泄露调查工作信息，或者泄露举报事项、举报受理情况以及举报人信息的;(4)对被调查人或者涉案人员逼供、诱供，或者侮辱、打骂、虐待、体罚或者变相体罚的;(5)违反规定处置查封、扣押、冻结的财物的;(6)违反规定发生办案安全事故，或者发生安全事故后隐瞒不报、报告失实、处置不当的;(7)违反规定采取留置措施的;(8)违反规定限制他人出境，或者不按规定解除出境限制的;(9)其他滥用职权、玩忽职守、徇私舞弊的行为。

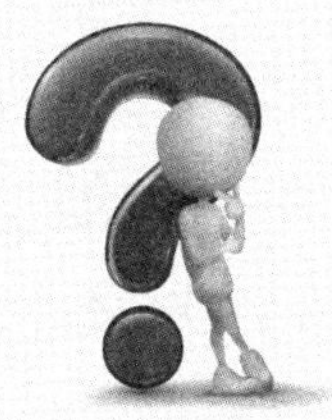

第七章

CHAPTER 7

刑　法

 刑法的基本原则有哪些？

刑法的基本原则是指刑法明文规定的、在全部刑事立法和司法活动中应当遵循的具有全局性和根本性的准则。根据我国刑法的规定，我国刑法具有罪行法定、法律面前人人平等、罪责行相适应的三大基本原则。

（1）罪行法定原则。《刑法》第三条规定，法律明文规定为犯罪行为的，依照法律定罪处刑；法律没有明文规定为犯罪行为的，不得定罪处刑。什么行为构成犯罪，给予什么刑罚处罚，都需要由刑法明文规定。不得对法律没有规定为犯罪的行为定罪处罚。

（2）法律面前人人平等原则。《刑法》第四条规定，对任何人犯罪，在适用法律上一律平等。不允许任何人有超越法律的特权。对于任何人的合法权益都要平等地加以保护，不允许有任何歧视，更不允许任何人有超越法律的特权。

（3）罪责刑相适应原则。《刑法》第五条规定，刑罚的轻重，应当与犯罪分子所犯罪行和承担的刑事责任相适应。该原则强调量刑时的罪当其罚及量刑的公正性。在适用刑法时，应将刑罚的轻重与行为人的犯罪性质、犯罪情节、人身危险性三者有机统一起来。在各个环节均应贯彻罪刑相适应原则。

130 我国刑法对刑事责任能力程度是如何规定的?

刑事责任能力是指行为人构成犯罪并承担刑事责任所必需的、行为人具备的刑法意义上的辨认和控制自己行为的能力，其内容包括辨认行为能力和控制行为能力。我国刑法中的刑事责任能力程度包括以下几种情况:（1）完全刑事责任能力。凡年满 18 周岁、精神和生理功能健全且智力与知识发展正常的人，都是完全刑事责任能力人。间歇性的精神病人在精神正常的时候犯罪，应当负刑事责任。（2）完全无刑事责任能力。包括两类：一是不满 14 周岁的人；一是行为时因精神病而不能辨认或者不能控制自己行为的人。这里的精神病包括精神分裂症、癫痫病、痴呆症、夜游症、病理性醉酒等。（3）相对无刑事责任能力。已满 14 周岁不满 16 周岁的人是相对无刑事责任能力人。这类人只对故意杀人、故意伤害致人重伤或者死亡、强奸、抢劫、贩卖毒品、放火、爆炸、投毒罪具有刑事责任能力。（4）减轻刑事责任能力，又称限制刑事责任能力。我国刑法规定的限制刑事责任能力人有四种：一是已满 14 周岁不满 18 周岁的未成年人；二是尚未完全丧失辨认或者控制自己行为能力的精神病人；三是又聋又哑的人；四是盲人。

131 正当防卫与紧急避险的区别是什么？

正当防卫是指为了使国家、公共利益、本人或者他人的人身、财产和其他权利免受正在进行的不法侵害，而采取的制止不法侵害的行为，对不法侵害人造成损害的，属于正当防卫，不负刑事责任。紧急避险是指为了使国家、公共利益、本人或者他人的人身、财产和其他权利免受正在发生的危险，不得已采取的紧急避险行为，造成损害的，不负刑事责任。

两者的不同主要有：（1）危害的来源不同。正当防卫中危害的来源只能是人所实施的不法侵害行为；而紧急避险中危害来源比较广泛，它不仅限于人的不法侵害行为，还可以是自然界的灾害、动物的侵袭等。（2）对行为的限制条件不同。紧急避险要求行为人必须是在迫不得已的情况下做出的；而正当防卫则无这样的要求。（3）对主体的要求不同。正当防卫对防卫人一般无特殊要求，任何人都可以实行；紧急避险则不适用于在职务上、业务上负有特定责任的人避免本人危险，如警察、消防员。（4）实施对象不同。正当防卫只能对不法侵害人实施，而紧急避险必须是向第三者实施。（5）对损害程度的限度不同。正当防卫所造成的损害，允许等于或者大于不法侵害行为可能造成的损害；而紧急避险所损害的合法权益必须小于所保护的合法权益。

132 共同犯罪人的种类包括哪些？

共同犯罪是指二人以上共同故意犯罪。共同犯罪人可以分为主犯、从犯、胁从犯、教唆犯四类。（1）主犯是指组织、领导犯罪集团进行犯罪活动的或者在共同犯罪中起主要作用的人。例如，在聚众闹事中起组织、策划、指挥作用的犯罪分子。（2）从犯是指在共同犯罪中起次要或者辅助作用的人。起次要作用是指直接参加了实施犯罪行为，但在整个犯罪活动中起次要作用。比如，在犯罪集团中，听命于首要分子，参与某些犯罪活动。辅助作用是指在共同犯罪中起辅助作用，一般是指为实施共同犯罪提供方便，创造有利条件、排除障碍等，如提供犯罪工具，提出犯罪方法的建议等。（3）胁从犯是指对于被胁迫参加犯罪的人。行为人虽然参与了共同犯罪，但其只是由于受到他人的威胁才不自愿实施了共同犯罪。（4）教唆犯是指故意教唆他人犯罪的犯罪分子。客观上具有教唆他人犯罪的行为，主观上故意教唆他人犯罪，且教唆的对象必须是达到刑事责任年龄并具有刑事责任能力的人。

133 我国对单位犯罪及其处罚原则是如何规定的？

《刑法》第三十条规定，公司、企业、事业单位、机关、团体实施的危害社会的行为，法律规定为单位犯罪的，应当负刑事责任。由此，单位犯罪是指公司、企业、事业单位、机关、团体实施的应当承担刑事责任的危害社会的行为。单位负刑事责任的范围具有法定性，也就是说，不是所有的犯罪都是单位可以实施的，只有法律明确规定单位可以成为犯罪主体的犯罪，单位才承担刑事责任。单位犯罪既有故意犯罪，也有过失犯罪。

《刑法》第三十一条规定，单位犯罪的，对单位判处罚金，并对其直接负责的主管人员和其他直接责任人员判处刑罚。刑法分则和其他法律另有规定的，依照规定。这是对单位犯罪处罚原则的规定。一般情况下适用该原则，对单位犯罪实行双罚制，即同时处罚犯罪的单位和该单位的直接人员，单位判处罚金，直接责任人判处刑罚。但刑法分则或其他法律另有规定的，按照其规定，可不按照双罚制进行处罚。

134 剥夺政治权利的适用对象有哪些？

剥脱政治权利是指剥夺犯罪人参加国家管理和政治活动权利的刑罚方式。被剥夺政治权利的人无法享有选举权和被选举权；言论、出版、集会、结社、游行、示威自由的权利；担任国家机关职务的权利；担任国有公司、企业、事业单位和人民团体领导职务的权利。

剥夺政治权利的适用对象主要包括:(1)对于危害国家安全的犯罪分子应当附加剥夺政治权利;(2)对于故意杀人、强奸、放火、爆炸、投毒、抢劫等严重破坏社会秩序的犯罪分子,可以附加剥夺政治权利。(3)对于被判处死刑、无期徒刑的犯罪分子,应当剥夺政治权利终身。

135 数罪并罚的情况有哪些?

数罪并罚是指对犯有两个以上罪行的人,对其所犯的各罪分别定罪量刑后,按照刑法规定的原则判决应执行的刑罚。适用数罪并罚的情形包括判决宣告前一人犯数罪的并罚、判决宣告后发现漏罪的并罚和判决宣告后又犯新罪的并罚。

(1)判决宣告前一人犯数罪的并罚,如张某犯受贿罪、贪污罪和巨额财产来源不明罪,法院在判处刑罚前已经掌握了张某全部罪行,在判处刑罚时对三个罪都要定罪量刑;(2)判决宣告后发现漏罪的并罚,判决宣告以后,刑罚执行完毕以前,发现被判刑的犯罪分子在判决宣告以前还有其他罪没有判决的,应当对新发现的罪作出判决,把前后两个判决所判处的刑罚,依照刑法的相关规定,决定执行的刑罚;(3)判决宣告后又犯新罪的并罚,判决宣告以后,刑罚执行完毕以前,被判刑的犯罪分子又犯罪的,应当对新犯的罪作出判决,把前罪没有执行的刑罚和后罪所判处的刑罚，依照刑法的相关规定，决定执行的刑罚。

136 减刑的适用条件有哪些?

减刑是指在原判刑期的基础上相应减轻的一种刑法执行活动，分为可以减刑和应当减刑两种情况。刑法规定，对被判处管制、拘役、有期徒刑、无期徒刑的犯罪分子，在执行期间，如果认真遵守监规，接受教育改造，确有悔改表现的，或者有立功表现的，可以减刑。在所有的主刑种类中，除了死刑以外的其他种类的刑罚在一定条件下都是可以减刑的。

刑法规定，对被判处管制、拘役、有期徒刑、无期徒刑的犯罪分子，在执行期间，有阻止他人重大犯罪活动的；检举监狱内外重大犯罪活动，经查证属实的；有发明创造或者重大技术革新的；在日常生产、生活中舍己救人的；在抗御自然灾害或者排除重大事故中，有突出表现的；对国家和社会有其他重大贡献等情形之一的，属于重大立功，应当减刑。

137 假释应当具备哪些条件?

假释指对被判处有期徒刑、无期徒刑的罪犯，在执行一定刑期之后，因其确有悔改表现，不致再危害社会，而附条件地将其提前释放的制度。首先，假释只适用于被判处有期徒刑、无期徒刑的一般罪犯。对累犯及因杀人、爆炸、抢劫、强奸、绑架等暴力性犯罪被判处10年以上有期徒刑、无期徒刑的犯罪分子，不得假释。对死刑缓期执行罪犯减为无期徒刑或有期徒刑后，符合刑法有关规定的，可以假释。其次，根据刑法的有关规定，被判处有期徒刑的犯罪分子执行原判刑期二分之一以上，被判处无期徒刑的犯罪分子，实际执行13年以上，才可以适用假释。如有特殊情况，经最高人民法院核准，可以不受上述执行刑期的限制。最后，被适用假释的犯罪分子，必须认真遵守监规，接受教育改造，确有悔改表现，且适用假释不致再危害社会。

138 如何计算追诉时效?

追诉时效是指依法对犯罪分子追究刑事责任的有效期限。在法定期限内，司法机关有权追究犯罪分子的刑事责任。（1）追诉时效期限，《刑法》第八十七条规定，犯罪经过下列期限不再追诉：①法定最高刑为不满五年有期徒刑的，经过五年；②法定最高刑为五年以上不满十年有期徒刑的，经过十年；③法定最高刑为十年以上有期徒刑的，经过十五年；④法定最高刑为无期徒刑、死刑的，经过二十年。如果二十年以后认为必须追诉的，须报请最高人民检察院核准。（2）追诉期限的计算，《刑法》第八十九条规定，追诉期限从犯罪之日起计算；犯罪行为有连续或者继续状态的，从犯罪行为终了之日起计算。在追诉期限以内又犯罪的，前罪追诉的期限从犯后罪之日起计算。（3）追诉期限的延长，《刑法》第八十八条规定，在人民检察院、公安机关、国家安全机关立案侦查或者在人民法院受理案件以后，逃避侦查或者审判的，不受追诉期限的限制。被害人在追诉期限内提出控告，人民法院、人民检察院、公安机关应当立案而不予立案的，不受追诉期限的限制。

139 什么是贪污罪？

贪污罪是指国家工作人员和受国家机关、国有公司、企业、事业单位、人民团体委托管理、经营国有财产的人员，利用职务上的便利，侵吞、窃取、骗取或者以其他手段非法占有公共财物的行为。该罪的犯罪主体是国家工作人员或者受委托管理、经营国有财产的人员。该罪侵犯的客体既包括公共财物的所有权，又包括国家机关、国有企业、事业单位的正常活动以及职务的廉洁性，但主要客体是职务的廉洁性。该罪的主观方面是直接故意，并具有非法占有公共财物的目的，过失不构成本罪。

该罪的客观方面表现为利用职务之便，侵吞、窃取、骗取或者以其他手段非法占有公共财物的行为。

《刑法》第三百八十三条规定："对犯贪污罪的，根据情节轻重，分别依照下列规定处罚：（一）贪污数额较大或者有其他较重情节的，处三年以下有期徒刑或者拘役，并处罚金。（二）贪污数额巨大或者有其他严重情节的，处三年以上十年以下有期徒刑，并处罚金或者没收财产。（三）贪污数额特别巨大或者有其他特别严重情节的，处十年以上有期徒刑或者无期徒刑，并处罚金或者没收财产；数额特别巨大，并使国家和人民利益遭受特别重大损失的，处无期徒刑或者死刑，并处没收财产。对多次贪污未经处理的，按照累计贪污数额处罚。犯第一款罪，在提起公诉前如实供述自己罪行、真诚悔罪、积极退赃，避免、减少损害结果的发生，有第一项规定情形的，可以从轻、减轻或者免除处罚；有第二项、第三项规定情形的，可以从轻处罚。犯第一款罪，有第三项规定情形被判处死刑缓期执行的，人民法院根据犯罪情节等情况可以同时决定在其死刑缓期执行二年期满依法减为无期徒刑后，终身监禁，不得减刑、假释。"

140 什么是挪用公款罪?

挪用公款罪是指国家工作人员，利用职务上的便利，挪用公款归个人使用，进行非法活动的，或者挪用公款数额较大、进行营利活动的，或者挪用公款数额较大、超过三个月未还的行为。该罪的犯罪主体是国家工作人员；该罪侵犯的客体主要是公共财产的所有权，同时在一定程度上也侵犯了国家的财经管理制度。该罪的主观方面是直接故意，行为人明知是公款而故意挪作他用，其犯罪目的是非法取得公款的使用权。该罪的客观方面表现为行为人实施了“利用职务上的便利，挪用公款归个人使用，进行非法活动，或者挪用数额较大的公款进行营利活动，或者挪用数额较大的公款超过三个月未还”的行为。

根据《刑法》第三百八十四条的规定，犯挪用公款罪，处五年以下有期徒刑或者拘役；情节严重的，处五年以上有期徒刑。挪用公款数额巨大不退还的，处十年以上有期徒刑或者无期徒刑。挪用用于救灾、抢险、防汛、优抚、扶贫、移民、救济款物归个人使用的，从重处罚。

141 什么是受贿罪？

受贿罪是指国家工作人员利用职务上的便利，索取他人财物，或者非法收受他人财物，为他人谋取利益的行为。该罪的犯罪主体是国家工作人员。该罪侵犯的客体是是国家机关、国有公司、企事业单位、人民团体的正常管理活动和国家工作人员职务行为的廉洁性。该罪的主观方面是由故意构成，只有行为人出于故意所实施的受贿犯罪行为才构成受贿罪，过失行为不构成本罪。该罪的客观方面表现为行为人具有利用职务上的便利，向他人索取财物，或者收受他人财物并为他人谋取利益的行为。

根据《刑法》第三百八十六条的规定，犯受贿罪的，根据受贿所得数额及情节，依照贪污罪的处罚规定处罚，索贿的从重处罚。

142 什么是利用影响力受贿罪?

利用影响力受贿罪，是指国家工作人员的近亲属或者其他与该国家工作人员关系密切的人，通过该国家工作人员职务上的行为，或者利用该国家工作人员职权或者地位形成的便利条件，以及离职的国家工作人员或者其近亲属以及其他与其关系密切的人，利用该离职的国家工作人员原职权或者地位形成的便利条件，通过其他国家工作人员职务上的行为，为请托人谋取不正当利益，索取请托人财务或者收受请托人财物，数额较大或者有其他较重情节的行为。该罪的犯罪主体是国家工作人员的近亲属或者其他与该国家工作人员关系密切的人，及离职的国家工作人员或者其近亲属以及其他与其关系密切的人。该罪侵犯的客体是国家工作人员的职务廉洁性。该罪的主观方面是故意。该罪的客观方面表现为法定的利用影响力受贿行为。

根据《刑法》第三百八十八条之一的规定，犯利用影响力受贿罪的，数额较大或者有其他较重情节的，处三年以下有期徒刑或者拘役，并处罚金；数额巨大或者有其他严重情节的，处三年以上七年以下有期徒刑，并处罚金；数额特别巨大或者有其他特别严重情节的，处七年以上有期徒刑，并处罚金或者没收财产。离职的国家工作人员或者其近亲属以及其他与其关系密切的人，利用该离职的国家工作人员原职权或者地位形成的便利条件实施前款行为的，依照前款的规定定罪处罚。

143 什么是巨额财产来源不明罪？

巨额财产来源不明罪，是指国家工作人员的财产或者支出明显超出合法收入，差额巨大，而本人又不能说明其来源是合法的行为。本罪的主体是国家工作人员。本罪的客体是国家工作人员的职务廉洁性。本罪的主观方面是故意。本罪的客观方面表现为行为人的财产或者支出明显超出合法收入，差额巨大，而本人又不能说明其来源合法的行为。

根据《刑法》第三百九十五条第一款的规定，犯巨额财产来源不明罪的，处五年以下有期徒刑或者拘役；差额特别巨大的，处五年以上十年以下有期徒刑。财产的差额部分予以追缴。

144 什么是滥用职权罪？

滥用职权罪是指国家机关工作人员故意逾越职权，不按或违反法律决定、处理其无权决定、处理的事项，或者违反规定处理公务，致使侵吞公共财产、国家和人民遭受重大财产损失等行为。该罪的犯罪主体是国家机关工作人员；该罪侵犯的客体是国家机关的正常活动；该罪的主观方面是故意；该罪的客观方面表现为滥用职权，致使公共财产、国家和人民利益遭受重大损失的行为。

根据《刑法》第三百九十七条的规定，犯滥用职权罪的，处三年以下有期徒刑或者拘役；情节特别严重的，处三年以上七年以下有期徒刑。刑法另有规定的，依照规定。

（1）国家机关工作人员滥用职权，涉嫌造成死亡 1 人以上，或者重伤 3 人以上，或者轻伤 9 人以上，或者重伤 2 人、轻伤 3 人以上，或者重伤 1 人、轻伤 6 人以上的；造成经济损失 30 万元以上的；造成恶劣社会影响的；其他致使公共财产、国家和人民利益遭受重大损失的情形之一的，属于“致使公共财产、国家和人民利益遭受重大损失”，处三年以下有期徒刑或者拘役。

（2）涉嫌造成伤亡达到前款第 1 项规定人数 3 倍以上的；造成经济损失 150 万元以上的；造成前款规定的损失后果，不报、迟报、谎报或者授意、指使、强令他人不报、迟报、谎报事故情况，致使损失后果持续、扩大或者抢救工作延误的；造成特别恶劣社会影响的；其他特别严重的情节之一的，属于“情节特别严重”，处三年以上七年以下有期徒刑。

（3）国家机关工作人员滥用职权，有明知是登记手续不全或者不符合规定的机动车而办理登记手续的；指使他人为明知是登记手续不全或者不符合规定的机动车办理登记手续的；违规或者指使他人违规更改、调换车辆档案的；其他滥用职权的行为情形之一的，致使盗窃、抢劫、诈骗、抢夺的机动车被办理登记手续，数量达到3辆以上或者价值总额达到30万元以上的，以滥用职权罪定罪，处三年以下有期徒刑或者拘役；国家机关工作人员实施前款行为，致使盗窃、抢劫、诈骗、抢夺的机动车被办理登记手续，达到前款规定数量、数额标准5倍以上的，或者明知是盗窃、抢劫、诈骗、抢夺的机动车而办理登记手续的，属于“情节特别严重”，处三年以上七年以下有期徒刑。

（4）林业主管部门工作人员之外的国家机关工作人员，违反《森林法》的规定，滥用职权，致使林木被滥伐40立方米以上或者幼树被滥伐2000株以上，或者致使防护林、特种用途林被滥伐10立方米以上或者幼树被滥伐400株以上，或者致使珍贵树木被采伐、毁坏4立方米或者4株以上，或者致使国家重点保护的其他植物被采伐、毁坏后果严重的，或者致使国家严禁采伐的林木被采伐、毁坏情节恶劣的，按照《刑法》第三百九十七条的规定以滥用职权罪追究刑事责任。

145 什么是徇私枉法罪?

徇私枉法罪是指司法工作人员徇私枉法、徇情枉法，对明知是无罪的人而使他受追诉，对明知是有罪的人而故意包庇不使他受追诉或者在刑事审判活动中故意违背事实和法律作枉法裁判的行为。该罪的犯罪主体是司法工作人员，主要是司法工作人员中从事侦查、检察、审判工作的人员；该罪侵犯的客体是国家司法机关的正常活动；该罪在主观方面表现为故意，过失不构成该罪。该罪在客观方面表现为在刑事诉讼中徇私、徇情枉法的行为。

根据《刑法》第三百九十九条第一款的规定，犯徇私枉法罪的，处五年以下有期徒刑或者拘役；情节严重的，处五年以上十年以下有期徒刑；情节特别严重的，处十年以上有期徒刑。

146 什么是故意泄露国家秘密罪?

故意泄露国家秘密罪，是指国家机关工作人员违反保守国家秘密法，故意使国家秘密被不应知悉者知悉，或者故意使国家秘密超出了限定的接触范围，情节严重的行为。该罪的犯罪主体是国家机关工作人员；该罪侵犯的客体是国家的保密制度；该罪的主观方面表现为故意；该罪的客观方面表现为违反保守国家秘密法的规定，泄露国家秘密，情节严重的行为。

根据《刑法》第三百九十八条的规定，故意或者过失泄露国家秘密，情节严重的，处三年以下有期徒刑或者拘役；情节特别严重的，处三年以上七年以下有期徒刑。

国家机关工作人员涉嫌故意泄露国家秘密行为，具有下列情形之一的，应予立案：（1）泄露绝密级国家秘密 1 项（件）以上的；（2）泄露机密级国家秘密 2 项（件）以上的；（3）泄露秘密级国家秘密 3 项（件）以上的；（4）向非境外机构、组织、人员泄露国家秘密，造成或者可能造成危害社会稳定、经济发展、国防安全或者其他严重危害后果的；（5）通过口头、书面或者网络等方式向公众散布、传播国家秘密的；（6）利用职权指使或者强迫他人违反国家保守秘密法的规定泄露国家秘密的；（7）以牟取私利为目的泄露国家秘密的；（8）其他情节严重的情形。

147 什么是私分国有资产罪？

私分国有资产罪是指国家机关、国有公司、企业、事业单位、人民团体，违反国家规定，以单位名义将国有资产集体私分给个人，数额较大的行为。该罪的犯罪主体是国家机关、国有公司、企业、事业单位、人民团体。本罪是单位犯罪，但根据法律规定只处罚私分国有资产的直接负责的主管人员和其他直接责任人员；该罪侵犯的客体是国有资产的管理制度及其所有权；该罪的主观方面是直接故意犯罪；该罪的客观方面表现为行为主体实施了违反国家规定，以单位名义将国有资产集体私分给个人，数额较大的行为。

根据《刑法》第三百九十六条的规定，犯私分国有资产罪的，对其直接负责的主管人员和其他直接责任人员，处三年以下有期徒刑或者拘役，并处或者单处罚金；数额巨大的，处三年以上七年以下有期徒刑，并处罚金。司法机关、行政执法机关违反国家规定，将应当上缴国家的罚没财物，以单位名义集体私分给个人的，依照前述规定处罚。

148 什么是食品监管渎职罪？

食品监管渎职罪，是指负有食品安全监督管理职责的国家机关工作人员，滥用职权或者玩忽职守，导致发生重大食品安全事故或者造成其他严重后果的行为。该罪的犯罪主体是负有食品安全监督管理职责的国家机关工作人员；该罪侵犯的客体是国家正常的食品安全监督管理活动；该罪的主观方面是既可以是故意，也可以是过失。该罪的客观方面表现为行为人在从事食品安全监督管理活动中，滥用职权或者玩忽职守，导致发生重大食品安全事故或者造成其他严重后果的行为。

《刑法》第四百零八条之一规定，负有食品安全监督管理职责的国家机关工作人员，滥用职权或者玩忽职守，导致发生重大食品安全事故或者造成其他严重后果的，处五年以下有期徒刑或者拘役；造成特别严重后果的，处五年以上十年以下有期徒刑。徇私舞弊犯前款罪的，从重处罚。

负有食品安全监督管理职责的国家机关工作人员，滥用职权或者玩忽职守，导致发生重大食品安全事故或者造成其他严重后果，同时构成食品监管渎职罪和徇私舞弊不移交刑事案件罪、商检徇私舞弊罪、动植物检疫徇私舞弊罪、放纵制售伪劣商品犯罪行为罪等其他渎职犯罪的，依照处罚较重的规定定罪处罚。

负有食品安全监督管理职责的国家机关工作人员滥用职权或者玩忽职守，不构成食品监管渎职罪，但构成前款规定的其他渎职犯罪的，依照该其他犯罪定罪处罚。负有食品安全监督管理职责的国家机关工作人员与他人共谋，利用其职务行为帮助他人实施危害食品安全犯罪行为，同时构成渎职犯罪和危害食品安全犯罪共犯的，依照处罚较重的规定定罪处罚。

149 什么是阻碍解救被拐卖、绑架妇女、儿童罪？

阻碍解救被拐卖、绑架妇女、儿童罪，是指对被拐卖、绑架的妇女、儿童负有解救职责的公安、司法等国家机关工作人员利用职务阻碍解救被拐卖、绑架的妇女、儿童的行为。本罪的犯罪主体是负有解救职责的国家机关工作人员。本罪侵犯的客体是国家机关的正常活动；主观方面是故意；客观方面表现为行为人利用职务阻碍解救被拐卖、绑架的妇女、儿童，不仅包括利用职权禁止、阻止或者妨碍有关部门、人员解救，也包括利用职务职务上的便利，向拐卖、绑架者或者收买者通风报信，妨碍解救工作正常进行等其他情形。

《刑法》第四百一十六条规定，对被拐卖、绑架的妇女、儿童负有解救职责的国家机关工作人员，接到被拐卖、绑架的妇女、儿童及其家属的解救要求或者接到其他人的举报，而对被拐卖、绑架的妇女、儿童不进行解救，造成严重后果的，处五年以下有期徒刑或者拘役。负有解救职责的国家机关工作人员利用职务阻碍解救的，处二年以上七年以下有期徒刑；情节较轻的，处二年以下有期徒刑或者拘役。

150 什么是刑讯逼供罪？

刑讯逼供罪，是指司法工作人员对犯罪嫌疑人、被告人使用肉刑或者变相肉刑，逼取口供的行为。该罪的犯罪主体是司法工作人员；该罪侵犯的客体是公民的人身权利和国家司法机关的正常刑讯逼供罪活动；该罪的主观方面只能是故意，并且具有逼取口供的目的；该罪的客观方面表现为对犯罪嫌疑人、被告人使用肉刑或者变相肉刑，逼取口供的行为。

《刑法》第二百四十七条规定："司法工作人员对犯罪嫌疑人、被告人实行刑讯逼供或者使用暴力逼取证人证言的，处三年以下有期徒刑或者拘役。致人伤残、死亡的，依照本法第二百三十四条、第二百三十二条的规定定罪从重处罚。"

151 什么是国家机关工作人员签订、履行合同失职被骗罪？

国家机关工作人员签订、履行合同失职被骗罪，是指国家机关工作人员签订、履行合同过程中，因严重不负责任，不履行或者不认真履行职责被诈骗，致使国家利益遭受重大损失的行为。本罪的犯罪主体是国家机关工作人员；本罪侵犯的客体是国家机关的正常活动；本罪的主观方面是过失；本罪的客观方面表现为行为人在签订、履行合同过程中，因严重不负责任，不履行或者不认真履行职责被诈骗，并使国家利益遭受重大损失的行为。

《刑法》第四百零六条规定，犯国家机关工作人员签订、履行合同失职被骗罪的，处三年以下有期徒刑或者拘役；致使国家利益遭受特别重大损失的，处三年以上七年以下有期徒刑。涉嫌下列情形之一的，应予立案：（1）造成直接经济损失30万元以上，或者直接经济损失不满30万元，但间接经济损失150万元以上的；（2）其他致使国家利益遭受重大损失的情形。

152 什么是非法低价出让国有土地使用权罪？

非法低价出让国有土地使用权罪，是指国家机关工作人员徇私舞弊，违反土地管理法规，滥用职权，非法低价出让国有土地使用权、情节严重的行为。本罪的犯罪主体是国家机关工作人员；本罪侵犯的客体是国家正常的土地管理活动；本罪的主观方面是故意；本罪的客观方面是行为人严重违反土地管理法规，滥用职权，非法低价出让国有土地使用权，并且达到情节严重的程度。

《刑法》四百一十条规定，犯非法低价出让国有土地使用权罪的，处三年以下有期徒刑或者拘役；致使国家或者集体利益遭受特别重大损失的，处三年以上七年以下有期徒刑。

涉嫌下列情形之一的，应予立案：（1）非法低价（包括无偿）出让国有土地使用权2公顷（30亩）以上，并且价格低于规定的最低价格的60%的；（2）非法低价出让国有土地使用权的数量虽未达到上述标准，但造成国有土地资产流失价值20万元以上或者植被遭到严重破坏的；（3）非法低价出让国有土地使用权，影响群众生产、生活，引起纠纷，造成恶劣影响或者其他严重后果的。

153 什么是破坏选举罪？

破坏选举罪，是指国家机关工作人员利用职权，在选举各级人民代表大会代表和国家机关领导人员时，以暴力、威胁、欺骗、贿赂、伪造选举文件、虚报选举票数或者编造选举结果等手段破坏选举或者妨害选民和代表自由行使选举权和被选举权，情节严重的行为。本罪的主体是一般公民，包括选举工作人员、有选举权的公民和无选举权的公民；本罪的客体是公民的选举权、被选举权以及国家的选举制度；本罪的主观方面是直接故意；本罪的客观方面表现为以暴力、威胁、欺骗、贿赂、伪造选举文件、虚报选举票数或者编造选举结果等手段破坏选举或者妨害选民和代表自由行使选举权和被选举权的行为。

《刑法》第二百五十六条规定，犯破坏选举罪的，处三年以下有期徒刑、拘役或者剥夺政治权利。涉嫌下列情形之一的，属于“情节严重”，应予立案：（1）以暴力、威胁、欺骗、贿赂等手段，妨害选民、各级人民代表大会代表自由行使选举权和被选举权，致使选举无法正常进行，或者选举无效，或者选举结果不真实的；（2）以暴力破坏选举场所或者选举设备，致使选举无法正常进行的；（3）伪造选民证、选票等选举文件，虚报选举票数，产生不真实的选举结果或者强行宣布合法选举无效、非法选举有效的；（4）聚众冲击选举场所或者故意扰乱选举场所秩序，使选举工作无法进行的；（5）其他情节严重的情形。

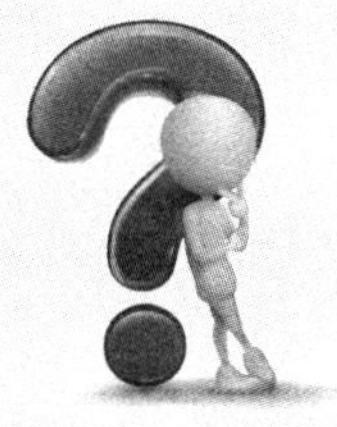

第八章

CHAPTER 8

国家赔偿法

154 国家赔偿的构成要件是什么？

国家机关和国家机关工作人员行使职权，有《国家赔偿法》规定的侵犯公民、法人和其他组织合法权益的情形，造成损害的，由国家向受害人承担赔偿责任。国家赔偿的构成要件指国家承担赔偿责任所须具备的条件，包括：（1）国家行政机关、司法机关及其工作人员以及法律授权或者国家机关委托的组织和个人才能成为国家侵权行为的主体。（2）引起国家赔偿的行为必须是职务行为，而非个人行为。国家机关的工作人员在代表其所属机关行使相关权力时，其行为属于职务行为。（3）国家机关及其工作人员的行为对公民、法人和其他组织的合法权益造成了损害。（4）职务侵权行为必须与损害结果之间存在因果关系。（5）存在明确的法律依据。只有在满足上述条件的情况下，国家才承担赔偿责任，否则，国家不予赔偿。

155 行政赔偿的受案范围是什么？

原告赣州市某公司因划拨土地占用及赔偿事宜与某县人民政府发生争议，原告不服该县政府作出的赔偿决定，诉至赣州市中级人民法院。赣州市中院引用《国土资源部关于对涉及国有划拨土地使用权处置有关问题紧急请示的批复》(国土资函〔2001〕407号，以下简称407号批复)，对涉案土地的财产归属进行认定，未支持原告赔偿请求。原告认为407号批复的规定与《物权法》的规定相抵触，国土资源部在《物权法》施行后未及时清理407号批复，因此，原告在向国土资源部申请国家赔偿且国土资源部作出不予赔偿决定后，于2016年11月21日诉至法院，请求法院判令国土资源部赔偿原告经济损失3.3亿元，赣州市中院作出不予赔偿判决。本案原告主张行政赔偿涉及的违法行为系国土资源部制定、公布、未及时废止407号批复的行为，根据现行法律规定，法院不受理单独提起的规范性文件审查之诉，原告基于国土资源部规范性文件的制定、公布、废止行为提起的行政赔偿之诉亦不属于行政赔偿诉讼的受案范围。

《国家赔偿法》第三条、第四条规定，可以进行行政赔偿的范围主要分为两大类：一是行政机关及其工作人员在行使行政职权时侵犯人身权时须赔偿，包括违法拘留或者违法采取限制公民人身自由的行政强制措施的；非法拘禁或者以其他方法非法剥夺公民人身自由的；以殴打、虐待等行为或者唆使、放纵他人以殴打、虐待等行为造成公民身体伤害或者死亡的；违法使用武器、警械造成公民身体伤害或者死亡的；造成公民身体伤害或者

死亡的其他违法行为。二是行政机关及其工作人员在行使行政职权时侵犯财产权时须赔偿，包括违法实施罚款、吊销许可证和执照、责令停产停业、没收财物等行政处罚的；违法对财产采取查封、扣押、冻结等行政强制措施的；违法征收、征用财产的；造成财产损害的其他违法行为。

156 在行政赔偿中，如何确定赔偿义务机关？

行政机关及其工作人员、法律、法规授权的组织和受行政机关委托的组织或者个人在其行使行政权力时侵犯了公民、法人，或其他组织的合法权益并造成了损害，公民、法人或其他组织有权要求赔偿。

当行政机关及其工作人员行使行政职权侵犯公民、法人和其他组织的合法权益造成损害的，赔偿义务机关为该行政机关。当法律、法规授权的组织在行使授予的行政权力时侵犯公民、法人和其他组织的合法权益造成损害的，赔偿义务机关为被授权的组织。当受行政机关委托的组织或者个人在行使受委托的行政权力时侵犯公民、法人和其他组织的合法权益造成损害的，赔偿义务机关应是委托的行政机关，而不是受托的组织或个人。

当两个以上行政机关共同行使行政职权时侵犯公民、法人和其他组织的合法权益造成损害的，赔偿义务机关是共同行使行政职权的行政机关。赔偿义务机关被撤销的，赔偿义务机关是继续行使其职权的行政机关；没有继续行使其职权的行政机关的，赔偿义务机关就是撤销该赔偿义务机关的行政机关。经复议机关复议的，最初造成侵权行为的行政机关为赔偿义务机关，但复议机关的复议决定加重损害的，复议机关对加重的部分履行赔偿义务。

157 当存在共同赔偿义务机关时，能否只向其中一个赔偿义务机关要求赔偿？

有时因行使行政权力而侵犯公民、法人或其他组织合法权益的行政机关不止一个，可能会有两个或者多个。公民、法人或者其他组织在请求行政赔偿的过程中，是否一定要向共同的行政赔偿义务机关同时请求赔偿。《国家赔偿法》第十条规定，赔偿请求人可以向共同赔偿义务机关中的任何一个赔偿义务机关要求赔偿，该赔偿义务机关应当先予赔偿。也即当存在共同赔偿义务机关时，赔偿请求人既可以向共同的赔偿义务机关请求赔偿，也可以向共同赔偿义务机关中的一个行政赔偿义务机关请求赔偿，赔偿请求人可以自由选择。如果赔偿请求人只向一个行政赔偿义务机关要求赔偿，该行政赔偿义务机关不得以赔偿请求人未向其他行政赔偿义务机关要求赔偿为理由而拒绝

赔偿。被要求赔偿的赔偿义务机关应当对赔偿请求人给予赔偿。例如，工商局和环保局在共同行使行政权力时，侵害了甲的合法权益并造成了损害，甲只向工商局要求赔偿，工商局不得拒绝且应当给予甲赔偿。

158 行政机关工作人员是否需要承担行政赔偿中的费用？

行政机关的工作是通过行政机关工作人员来实现的，行政机关工作人员执行职务实际上就是行政机关本身的活动，是代表行政机关进行活动，其执行职务所产生的后果应属于行政机关。行政机关工作人员在执行职务中，侵犯了公民、法人或者其他组织的合法权益造成了损害，应当由该工作人员所在的行政机关负责赔偿。

行政机关工作人员在执行职务时，是否在任何情况下都无须承担赔偿责任呢？不是的，《国家赔偿法》第十六条规定，赔偿义务机关赔偿损失后，应当责令有故意或者重大过失的工作人员或者受委托的组织或者个人承担部分或者全部赔偿费用。对有故意或者重大过失的责任人员，有关机关应当依法给予处分；构成犯罪的，应当依法追究刑事责任。也就是说，对于行政机关工作人员一般过失造成的损害，其无须承担部分或者全部费用，但当行政机关工作人员在执行职务中有故意或者重大过失时，其应当承担部分或者全部的赔偿费用。

159 刑事赔偿的范围是什么？

1999年，赵作海因同村的赵振晌失踪后有人发现一具无头尸体而被作为重大嫌疑人进行刑事拘留，2002年，商丘市中级人民法院以故意杀人罪判处赵作海死刑，缓期二年执行。2010年4月30日，“被害人”赵振晌回到村中，2010年5月9日，河南省高级人民法院召开新闻发布会，认定赵作海故意杀人案系一起错案，宣告赵作海无罪。后给予赵作海国家赔偿及生活困难补助共计65万元。赵作海因人身权被侵犯而得到国家赔偿，这是一起典型的国家赔偿案件。

《国家赔偿法》第十七条规定，行使侦查、检察、审判职权的机关以及看守所、监狱管理机关及其工作人员在行使职权时有下列侵犯人身权情形之一的，受害人有取得赔偿的权利：（1）违反刑事诉讼法的规定对公民采取拘留措施的，或者依照刑事诉讼法规定的条件和程序对公民采取拘留措施，但是拘留时间超过刑事诉讼法规定的时限，其后决定撤销案件、不起诉或者判决宣告无罪终止追究刑事责任的；（2）对公民采取逮捕措施后，决定撤销案件、不起诉或者判决宣告无罪终止追究刑事责任的；（3）依照审判监督程序再审改判无罪，原判刑罚已经执行的；（4）刑讯逼供或者以殴打、虐待等行为或者唆使、放纵他人以殴打、虐待等行为造成公民身体伤害或者死亡的；（5）违法使用武器、警械造成公民身体伤害或者死亡的。

该法第十八条规定，行使侦查、检察、审判职权的机关以及看守所、监狱管理机关及其工作人员在行使职权时有下列侵犯财产权情形之一的，受害人有取得赔偿的权利：（1）违法对财产采取查封、扣押、冻结、追缴等措施的；（2）依照审判监督程序再审改判无罪，原判罚金、没收财产已经执行的。据此可知刑事赔偿的范围包括侵犯人身权的赔偿和侵犯财产权的赔偿。

160 侵犯公民人身权须支付赔偿金的，如何计算赔偿金？

当公民的人身权受到国家机关及其工作人员的侵犯时，公民有权要求获得赔偿。不同情况下赔偿金的计算方式也不同。（1）侵犯公民人身自由的，每日赔偿金按照国家上年度职工日平均工资计算。（2）侵犯公民生命健康权的，赔偿金按照下列规定计算：①造成身体伤害的，应当支付医疗费、护理费，以及赔偿因误工减少的收入。减少的收入每日的赔偿金按照国家上年度职工日平均工资计算，最高额为国家上年度职工年平均工资的五倍。②造成部分或者全部丧失劳动能力的，应当支付医疗费、护理费、残疾生活辅助具费、康复费等因残疾而增加的必要支出和继续治疗所必需的费用，以及残疾赔偿金。残疾赔偿金根据丧失劳动能力的程度，按照国家规定的伤残等级确定，最高不超过国家上年度职工年平均工资的二十倍。③造成全部丧失劳动能力的，对其扶养的无劳动能力的人，还应当支付生活费。④造成死亡的，应当支付死亡赔偿金、丧葬费，总额为国家上年度职工年平均工资的二十倍。对死者生前扶养的无劳动能力的人，还应当支付生活费。涉及生活费的发放标准，参照当地最低生活保障标准执行。被扶养的人是未成年人的，生活费给付至十八周岁止；其他无劳动能力的人，生活费给付至死亡时止。

161 哪些情形下，国家不承担刑事赔偿责任？

属于下列情形之一的，国家不承担赔偿责任：（1）因公民自己故意作虚伪供述，或者伪造其他有罪证据被羁押或者被判处刑罚的。（2）实施了刑法所禁止的危害社会的行为，因其未达到刑事责任年龄或不具有刑事责任能力而不负刑事责任，但司法机关在未弄清行为人的年龄和实际责任能力前对其羁押的，行为人不能请求赔偿。（3）情节显著轻微、危害不大，不认为是犯罪的；犯罪已过追诉时效期限的；经特赦令免除刑罚的；依照刑法告诉才处理的犯罪，没有告诉或者撤回告诉的；

犯罪嫌疑人、被告人死亡的；其他法律规定免予追究刑事责任的；对于犯罪情节轻微，依照刑法规定不需要判处刑罚或者免除刑罚的，人民检察院可以作出不起诉决定；被附条件不起诉的未成年犯罪嫌疑人，在考验期内没有上述情形，考验期满的，人民检察院应当作出不起诉的决定；对于达成和解协议的案件，公安机关可以向人民检察院提出从宽处理的建议。人民检察院可以向人民法院提出从宽处罚的建议；对于犯罪情节轻微，不需要判处刑罚的，可以作出不起诉的决定。人民法院可以依法对被告人从宽处罚。以上不追究刑事责任的人被羁押的，国家不予赔偿。（4）行使侦查、检察、审判、监狱管理职权的机关的工作人员与行使职权无关的个人行为。（5）因公民自伤、自残等故意行为致使损害发生的。（6）法律规定的其他免除国家赔偿的情况。

162 在刑事赔偿案件中，如何确定赔偿义务机关？

侦查、检察、审判机关以及看守所、监狱管理机关及其工作人员在行使职权时侵犯公民、法人和其他组织的合法权益造成损害的，公民、法人或其他组织有取得赔偿的权利。

（1）当侦查、检察、审判机关以及看守所、监狱管理机关及其工作人员在行使职权时侵犯公民、法人和其他组织的合法权益造成损害，赔偿义务机关为侦查、检察、审判机关以及看守所、监狱管理机关。（2）当对公民采取拘留措施，依照法律规定应当给予国家赔偿，赔偿义务机关为作出拘留决定的机关。（3）当对公民采取逮捕措施后决定撤销案件、不起诉或者判决宣告无罪，赔偿义务机关为作出逮捕决定的机关。（4）当再审改判无罪，赔偿义务机关为作出原生效判决的人民法院。（5）当二审改判无罪，以及二审发回重审后作无罪处理，赔偿义务机关为作出一审有罪判决的人民法院。

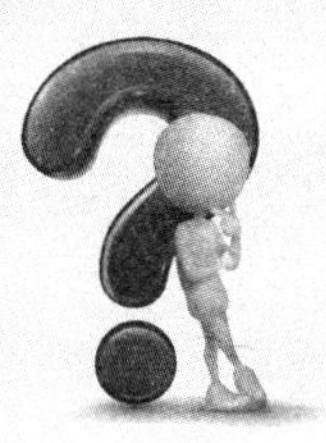

第九章

CHAPTER 9

国家安全法与保密法

163 什么是国家安全？

国家安全是指国家政权、主权、统一和领土完整、人民福祉、经济社会可持续发展和国家其他重大利益相对处于没有危险和不受内外威胁的状态，以及保障持续安全状态的能力。

2017 年 10 月 18 日，在中国共产党第十九次全国代表大会上，习近平总书记代表第十八届中央委员会作的报告中指出：国家安全是安邦定国的重要基石，维护国家安全是全国各族人民根本利益所在。要完善国家安全战略和国家安全政策，坚决维护国家政治安全，统筹推进各项安全工作。健全国家安全体系，加强国家安全法治保障，提高防范和抵御安全风险能力。严密防范和坚决打击各种渗透颠覆破坏活动、暴力恐怖活动、民族分裂活动、宗教极端活动。加强国家安全教育，增强全党全国人民国家安全意识，推动全社会形成维护国家安全的强大合力。

164 国家安全工作应当坚持什么样的国家安全观？

习近平总书记在中央国家安全委员会第一次会议上指出：“要准确把握国家安全形势变化新特点、新趋势，坚持总体国家安全观，走出一条中国特色国家安全道路。”总体国家安全观是以习近平同志为核心的党中央治国理政新理念、新思想、新战略的重要组成部分。

《国家安全法》第三条规定，国家安全工作应当坚持总体国家安全观，以人民安全为宗旨，以政治安全为根本，以经济安全为基础，以军事、文化、社会安全为保障，以促进国际安全为依托，维护各领域国家安全，构建国家安全体系，走中国特色国家安全道路。总体国家安全观的体系架构，即人民安全是宗旨，政治安全是根本，经济安全是基础，军事安全、文化安全、社会安全是保障，促进国际安全是依托。

165 维护国家安全工作的基本原则有哪些?

《国家安全法》中规定的维护国家安全的原则有：（1）维护国家安全，应当遵守宪法和法律，坚持社会主义法治原则，尊重和保障人权，依法保护公民的权利和自由。（2）维护国家安全，应当与经济社会发展相协调。国家安全工作应当统筹内部安全和外部安全、国土安全和国民安全、传统安全和非传统安全、自身安全和共同安全。（3）维护国家安全，应当坚持预防为主、标本兼治，专门工作与群众路线相结合，充分发挥专门机关和其他有关机关维护国家安全的职能作用，广泛动员公民和组织，防范、制

止和依法惩治危害国家安全的行为。（4）维护国家安全，应当坚持互信、互利、平等、协作，积极同外国政府和国际组织开展安全交流合作，履行国际安全义务，促进共同安全，维护世界和平。

166 国家安全的工作机制有哪些？

中央国家安全领导机构实行统分结合、协调高效的国家安全制度与工作机制。其中包括：（1）国家建立国家安全重点领域工作协调机制，统筹协调中央有关职能部门推进相关工作。（2）国家建立国家安全工作督促检查和责任追究机制，确保国家安全战略和重大部署贯彻落实。（3）国家根据维护国家安全工作需要，建立跨部门会商工作机制，就维护国家安全工作的重大事项进行会商研判，提出意见和建议。（4）国家建立中央与地方之间、部门之间、军地之间以及地区之间关于国家安全的协同联动机制。（5）国家建立国家安全决策咨询机制，组织专家和有关方面开展对国家安全形势的分析研判，推进国家安全的科学决策。

167 公民和组织维护国家安全的义务有哪些？

国家安全人人有责，我们每一个人都有维护国家安全的义务。中华人民共和国公民、一切国家机关和武装力量、各政党和各人民团体、企业事业组织和其他社会组织，都有维护国家安全的责任和义务。《国家安全法》第七十七条规定，公民和组织应当履行下列维护国家安全的义务：（1）遵守宪法、法律法规关于国家安全的有关规定；（2）及时报告危害国家安全活动的线索；（3）如实提供所知悉的涉及危害国家安全活动的证据；（4）为国家安全工作提供便利条件或者其他协助；（5）向国家安全机关、公安机关和有关军事机关提供必要的支持和协助；（6）保守所知悉的国家秘密；（7）法律、行政法规规定的其他义务。

任何个人和组织不得有危害国家安全的行为，不得向危害国家安全的个人或者组织提供任何资助或者协助。

168 国家秘密的范围包括哪些秘密事项?

国家秘密是关系国家安全和利益，依照法定程序确定，在一定时间内只限一定范围的人员知悉的事项。无论是公民个人还是任何国家机关、武装力量、政党、社会团体、企业事业单位都有保守国家秘密的义务。这是一项法定的义务，任何违反该义务的个人或组织都将受到法律的追究。对此，《保守国家密秘法》（以下简称《保密法》）对属于国家秘密的事项作出了明确的规定。

《保密法》第九条规定，下列涉及国家安全和利益的事项，

泄露后可能损害国家在政治、经济、国防、外交等领域的安全和利益的，应当确定为国家秘密：(1)国家事务重大决策中的秘密事项；(2)国防建设和武装力量活动中的秘密事项；(3)外交和外事活动中的秘密事项以及对外承担保密义务的秘密事项；(4)国民经济和社会发展中的秘密事项；(5)科学技术中的秘密事项；(6)维护国家安全活动和追查刑事犯罪中的秘密事项；(7)经国家保密行政管理部门确定的其它秘密事项。此外，对于政党的秘密事项中符合上述规定的也属于国家秘密。

169 确定国家秘密的密级，应当遵守的定密权限是什么？

国家秘密的密级分为绝密、机密、秘密三级。泄露不同密级的国家秘密，会使国家安全和利益遭受不同程度的损害。《保密法》第十三条规定，确定国家秘密的密级，应当遵守定密权限。中央国家机关、省级机关及其授权的机关、单位可以确定绝密级、机密级和秘密级国家秘密；设区的市、自治州一级的机关及其授权的机关、单位可以确定机密级和秘密级国家秘密。具体的定密权限、授权范围由国家保密行政管理部门规定。机关、单位执行上级确定的国家秘密事项，需要定密的，根据所执行的国家秘密事项的密级确定。下级机关、单位认为本机关、本单位产生的有关定密事项属于上级机关、单位的定密权限，应当先行采取保密措施，并立即报请上级机关、单位确定；没有上级机关、单位的，应当立即提请有相应定密权限的业务主管部门或者保密行政管理部门确定。公安、国家安全机关在其工作范围内按照规定的权限确定国家秘密的密级。此外，机关、单位对是否属于国家秘密或者属于何种密级不明确或者有争议的，由国家保密行政管理部门或者省、自治区、直辖市保密行政管理部门确定。

170 国家秘密的保密期限有多久？

不同密级的国家秘密，保密期限的规定也有不同。一般情况下，绝密级的国家秘密的保密期限不超过三十年；机密级的国家秘密的保密期限不超过二十年；秘密级的国家秘密保密期限不超过十年，另有规定的除外。这是国家秘密保密期限的一个时间限制。

国家秘密的保密期限的确定，应当根据事项的性质和特点，按照维护国家安全和利益的需要，限定在必要的期限内；不能确定期限的，应当确定解密的条件。机关、单位应当根据工作需要，确定具体的保密期限、解密时间或者解密条件。机关、单位对在决定和处理有关事项工作过程中确定需要保密的事项，根据工作需要决定公开的，正式公布时即视为解密。此外，国家秘密的保密期限应当根据情况变化及时变更。保密期限届

满且需要延长保密期限的，应当在原保密期限届满前重新确定保密期限。

171 对国家秘密载体的管理，应严防出现哪些行为？

《保密法》第二十一条规定，国家秘密载体的制作、收发、传递、使用、复制、保存、维修和销毁，应当符合国家保密规定。绝密级国家秘密载体应当在符合国家保密标准的设施、设备中保存，并指定专人管理；未经原定密机关、单位或者其上级机关批准，不得复制和摘抄；收发、传递和外出携带，应当指定人员负责，并采取必要的安全措施。

《保密法》第二十五条规定，机关、单位应当加强对国家秘密载体的管理，任何组织和个人不得有下列行为：（1）非法获取、持有国家秘密载体；（2）买卖、转送或者私自销毁国家秘密载体；（3）通过普通邮政、快递等无保密措施的渠道传递国家秘密载体；（4）邮寄、托运国家秘密载体出境；（5）未经有关主管部门批准，携带、传递国家秘密载体出境。

172 对涉密人员的要求有哪些？

涉密人员即在涉密岗位工作的人员。根据涉密程度的不同，涉密人员被分为核心涉密人员、重要涉密人员和一般涉密人员，进行分类管理。在任用和聘用涉密人员时，应当按照有关规定进行审查。涉密人员应当具有良好的政治素质和品行，具有胜任涉密岗位所要求的工作能力。

《保密法》第三十六条规定，涉密人员上岗应当经过保密教育培训，掌握保密知识技能，签订保密承诺书，严格遵守保密规章制度，不得以任何方式泄露国家秘密。第三十七条规定，涉密人员出境应当经有关部门批准，有关机关认为涉密人员出境将对国家安全造成危害或者对国家利益造成重大损失的，不得批准出境。第三十八条规定，涉密人员离岗离职实行脱密期管理。涉密人员在脱密期内，应当按照规定履行保密义务，不得违反规定就业，不得以任何方式泄露国家秘密。第三十九条规定，机关、单位应当建立健全涉密人员管理制度，明确涉密人员的权利、岗位责任和要求，对涉密人员履行职责情况开展经常性的监督检查。

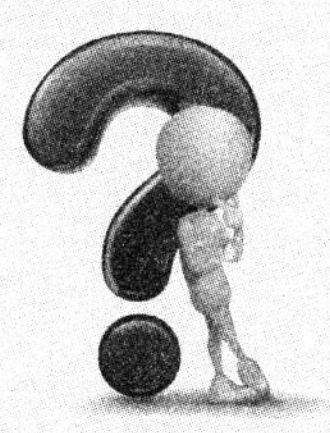

第十章

CHAPTER 10

社会保险法

173 什么是社会保险？

社会保险是国家以保险形式实行的社会保障制度，在劳动者或公民暂时或永久丧失劳动能力以及发生其他困难时，由国家、社会对他们给予物质生活保障。社会保险计划由政府举办，强制某一群体将其收入的一部分作为社会保险税（费）形成社会保险基金，在满足一定条件的情况下，被保险人可从基金中获得固定的收入或损失的补偿，它是一种再分配制度，它的目标是保证物质及劳动力的再生产和社会的稳定。社会保险的主要项目包括养老保险、医疗保险、失业保险、工伤保险、生育保险。社会保险主要是通过筹集社会保险基金，并在一定范围内对社会保险基金实行统筹调剂至劳动者遭遇劳动风险时给予必要的帮助，社会保险对劳动者提供的是基本生活保障，只要劳动者符合享受社会保险的条件，即或者与用人单位建立了劳动关系，或者已按规定缴纳各项社会保险费，即可享受社会保险待遇。社会保险是社会保障制度的核心内容。

174 参保人如何查询社会保险个人权益记录？

《社会保险法》第四条第一款规定："中华人民共和国境内的

用人单位和个人依法缴纳社会保险费，有权查询缴费记录、个人权益记录，要求社会保险经办机构提供社会保险咨询等相关服务。”据此可知，参保人有权查询个人权益记录。

《社会保险个人权益记录管理办法》第十四条规定：“社会保险经办机构应当向参保人员及其用人单位开放社会保险个人权益记录查询程序，界定可供查询的内容，通过社会保险经办机构网点、自助终端或者电话、网站等方式提供查询服务。”该文件第十五条规定，社会保险经办机构网点应当设立专门窗口向参保人员及其用人单位提供免费查询服务。参保人员向社会保险经办机构查询本人社会保险个人权益记录的，需持本人有效身份证件；参保人员委托他人向社会保险经办机构查询本人社会保险个人权益记录的，被委托人需持书面委托材料和本人有效身份证件。需要书面查询结果或者出具本人参保缴费、待遇享受等书面证明的，社会保险经办机构应当按照规定提供。参保用人单位凭有效证明文件可以向社会保险经办机构免费查询本单位缴费情况，以及职工在本单位工作期间涉及参保人员及其用人单位社会保险登记信息和参保人员及其用人单位缴纳社会保险费、获得相关补贴的信息的相关内容。由此可知，参保人持有效身份证件或其委托的人在持书面委托材料及有效身份证件均可以查询参保人的社会保险个人权益记录。

175 基本养老保险基金有哪些组成部分?

社会养老保险是我国社会保障制度的一个非常重要的组成部分，是国家和社会根据法律规定，为解决劳动者在达到国家规定的解除劳动义务的劳动年龄界限，或因年老丧失劳动能力退出劳动岗位后的基本生活而建立的一种社会保险制度。职工应当参加基本养老保险，无雇工的个体工商户以及其他灵活就业人员可以参加基本养老保险。

基本养老保险实行社会统筹与个人账户相结合。基本养老基金是在劳动者年老体弱丧失劳动能力时，为其提供固定的生活费，以此来保障其基本生活需求。例如，退休后就可以按月领取基本养老金，以维持基本的生活。基本养老基本的组成不仅仅包括用人单位和个人缴费，还包括政府补贴、基本养老保险基金的利息等增值收益和基本养老保险费滞纳金等。

176 退休前意外死亡的，养老保险金如何处理?

现今无论是职工还是其他就业人员，参加养老保险的人越来越多。有时候会出现已经参加养老保险的人在未达到领养老保险金的年龄之前就死亡的情况。那么，已经交了多年的养老保险金在个人死亡后应做如何处理呢？《社会保险法》第十四条规定，个人账户不得提前支取，记账利率不得低于银行定期存款利率，免征利息税。个人死亡的，个人账户余额可以继承。《社会保险法》第十七条规定，参加基本养老保险的个人，因病或者非因工死亡的，其遗属可以领取丧葬补助金和抚恤金。据此可知，参加养老保险的人在退休前以外死亡的，其养老保险金的个人账户余额可以继承，其遗属可领取丧葬补助金和抚恤金。继承就是对参保人员的个人账户储存额和建立个人账户前个人缴费部分的本息一次性支付给其法定继承人。

177 在什么情况下，可以提高基本养老保险待遇？

参加基本养老保险的个人，在符合一定条件的情况下，可享受相应的养老保险待遇。一旦开始享受养老保险待遇，并不意味着养老保险待遇就不再发生任何变化。《社会保险法》第十八条规定：“国家建立基本养老金正常调整机制。根据职工平均工资增长、物价上涨情况，适时提高基本养老保险待遇水平。”养老保险的待遇水平不是一成不变的，可以根据情况的变化作出适时的调整。基本养老金根据个人累计缴费年限、缴费工资、当地职工平均工资、个人账户金额、城镇人口平均预期寿命等因素确定。如果职工平均工资有变化，职工个人享受的养老保险也会发生变化。当职工平均工资增长或是物价上涨时，基本养老保险的待遇也会相应地提高。

178 基本医疗保险基金是否可以用于支付任何医疗费用?

基本医疗保险是为补偿劳动者因疾病风险造成的经济损失而建立的一项社会保险制度。我国建立了职工基本医疗保险、新型农村合作医疗和城镇居民基本医疗保险。当参保人员患病就诊发生医疗费用时，可以从基本医疗保险基金中支付，这样可以避免或减轻参保人员因患病、治疗等带来的经济风险。基本医疗保险基金是否可以用于支付任何医疗费用呢？不是的，《社会保险法》第二十八条规定，符合基本医疗保险药品目录、诊疗项目、医疗服务设施标准以及急诊、抢救的医疗费用，按照国家规定从基本医疗保险基金中支付。基本医疗保险基金并不是对参保人员的任何医疗费用都予以支付的，其支付的医疗费用必须符合基本医疗保险所规定的可以支付的费用。《社会保险法》第三十条第一款规定，下列医疗费用不纳入基本医疗保险基金支付范围：(1）应当从工伤保险基金中支付的；(2）应当由第三人负担的；(3）应当由公共卫生负担的；(4）在境外就医的。

179 在什么情况下，基本医疗保险基金可以先行支付?

《社会保险法》第三十条第二款规定，医疗费用依法应当由第三人负担，第三人不支付或者无法确定第三人的，由基本医疗保险基金先行支付。基本医疗保险基金先行支付后，有权向第三人追偿。《社会保险基金先行支付暂行办法》第二条也作了相应规定：由于第三人的侵权行为造成伤病的，应当由第三人支付的医疗费用，第三人不支付或者无法确定第三人的，在医疗费用结算时，个人可以向参保地社会保险经办机构书面申请基本医疗保险基金先行支付，并告知造成其伤病的原因和第三人不支付医疗费用或者无法确定第三人的情况。应当由第三人负担的医疗费用，当第三人不支付或是无法确定的情况下，基本医疗保险基金可先行支付。

先行支付制度主要是为了保障参保人能得到及时救治，但并不意味着替第三人承担支付的责任。医疗保险基金替第三人先行垫付后，医疗保险经办机构有权向第三方追偿医保基金，或者从第三方赔偿的损害费用中扣除医保垫付的费用。先行支付制度一方面可让参保的患者及时得到救治，另一方面追偿制度可解除参保人支付医疗费的后顾之忧，同时维护基金的运行安全。

180 哪些情形属于工伤？

工伤指因工作原因受到事故伤害或者患职业病。应当认定为工伤的情形有：（1）在工作时间和工作场所内，因工作原因受到事故伤害的；（2）工作时间前后在工作场所内，从事与工作有关的预备性或者收尾性工作受到事故伤害的；（3）在工作时间和工作场所内，因履行工作职责受到暴力等意外伤害的；（4）患职业病的；（5）因工外出期间，由于工作原因受到伤害或者发生事故下落不明的；（6）在上下班途中，受到非本人主要责任的交通事故或者城市轨道交通、客运轮渡、火车事故伤害的；（7）法律、行政法规规定应当认定为工伤的其他情形。

此外，视同工伤的情形有：（1）在工作时间和工作岗位，突发疾病死亡或者在48小时之内经抢救无效死亡的；（2）在抢险救灾等维护国家利益、公共利益活动中受到伤害的；（3）职工原在军队服役，因战、因公负伤致残，已取得革命伤残军人证，到用人单位后旧伤复发的。

181 如何计算领取失业保险金的期限?

失业保险是社会保障体系的重要组成部分，在劳动者失业时通过向失业者发放失业保险金来维持失业人员的基本生活费用。失业保险金的具体计算方式为：失业人员失业前用人单位和本人累计缴费满一年不足五年的，领取失业保险金的期限最长为十二个月；累计缴费满五年不足十年的，领取失业保险金的期限最长为十八个月；累计缴费十年以上的，领取失业保险金的期限最长为二十四个月。重新就业后，再次失业的，缴费时间重新计算，领取失业保险金的期限与前次失业应当领取而尚未领取的失业保险金的期限合并计算，最长不超过二十四个月。例如，小王在甲公司工作了七年，甲公司也一直为小王缴纳了失业保险，后甲公司因经营不善需要裁员，甲被裁员。甲在失业期间可以领取失业保险金，若甲在十八个月以内找到工作，则须停止领取失业保险金；若甲在十八个月以后还未找到工作也不得再领取失业保险金。

182 社会保险费征收机构的行为侵害自己合法权益时，应如何救济？

《社会保险法》第八十三条规定："用人单位或者个人认为社会保险费征收机构的行为侵害自己合法权益的，可以依法申请行政复议或者提起行政诉讼。用人单位或者个人对社会保险经办机构不依法办理社会保险登记、核定社会保险费、支付社会保险待遇、办理社会保险转移接续手续或者侵害其他社会保险权益的行为，可以依法申请行政复议或者提起行政诉讼。个人与所在用人单位发生社会保险争议的，可以依法申请调解、仲裁，提起诉讼。用人单位侵害个人社会保险权益的，个人也可以要求社会保险行政部门或者社会保险费征收机构依法处理。"据此，用人单位或者个人认为社会保险费征收机构的行为侵害自己合法权益的可以申请行政复议，也可以提起行政诉讼，两者选其一。

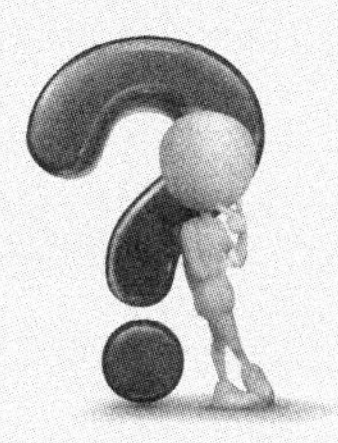

第十一章

CHAPTER 11

党内法规

 183 党员应当履行哪些义务?

根据《中国共产党章程》第三条的规定，党员必须履行下列义务：

（1）认真学习马克思列宁主义、毛泽东思想、邓小平理论、“三个代表”重要思想、科学发展观、习近平新时代中国特色社会主义思想，学习党的路线、方针、政策和决议，学习党的基本知识，学习科学、文化、法律和业务知识，努力提高为人民服务的本领。

（2）贯彻执行党的基本路线和各项方针、政策，带头参加改革开放和社会主义现代化建设，带动群众为经济发展和社会进步艰苦奋斗，在生产、工作、学习和社会生活中起先锋模范作用。

（3）坚持党和人民的利益高于一切，个人利益服从党和人民的利益，吃苦在前，享受在后，克己奉公，多做贡献。

（4）自觉遵守党的纪律，首先是党的政治纪律和政治规矩，模范遵守国家的法律法规，严格保守党和国家的秘密，执行党的决定，服从组织分配，积极完成党的任务。

（5）维护党的团结和统一，对党忠诚老实，言行一致，坚决反对一切派别组织和小集团活动，反对阳奉阴违的两面派行为和一切阴谋诡计。

（6）切实开展批评和自我批评，勇于揭露和纠正违反党的原则的言行和工作中的缺点、错误，坚决同消极腐败现象作斗争。

（7）密切联系群众，向群众宣传党的主张，遇事同群众商量，及时向党反映群众的意见和要求，维护群众的正当利益。

（8）发扬社会主义新风尚，带头实践社会主义核心价值观和社会主义荣辱观，提倡共产主义道德，弘扬中华民族传统美德，为了保护国家和人民的利益，在一切困难和危险的时刻挺身而出，英勇斗争，不怕牺牲。

184 党员享有哪些权利？

根据《中国共产党章程》第四条的规定，党员享有下列权利:（1）参加党的有关会议，阅读党的有关文件，接受党的教育和培训。（2）在党的会议上和党报党刊上，参加关于党的政策问题的讨论。（3）对党的工作提出建议和倡议。（4）在党的会议上有根据地批评党的任何组织和任何党员，向党负责地揭发、检举党的任何组织和任何党员违法乱纪的事实，要求处分违法乱纪的党员，要求罢免或撤换不称职的干部。（5）行使表决权、选举权，有被选举权。（6）在党组织讨论决定对党员的党纪处

分或作出鉴定时，本人有权参加和进行申辩，其他党员可以为他作证和辩护。（7）对党的决议和政策如有不同意见，在坚决执行的前提下，可以声明保留，并且可以把自己的意见向党的上级组织直至中央提出。（8）向党的上级组织直至中央提出请求、申诉和控告，并要求有关组织给予负责的答复。

185 党员在什么情况下应被除名？

对年满十八岁的中国工人、农民、军人、知识分子和其他社会阶层的先进分子，承认党的纲领和章程，愿意参加党的一个组织并在其中积极工作、执行党的决议和按期交纳党费的，均可以申请加入中国共产党。一旦成为中国共产党的一员，就应全心全意为人民服务，不惜牺牲个人的一切，为实现共产主义奋斗终生，同时应履行党员的义务。

虽然加入了中国共产党，但如果党员不再符合党员的标准时，是可对其进行除名的。根据《中国共产党章程》第九条的规定：（1）党员有退党的自由。党员要求退党，应当经支部大会讨论后宣布除名，并报上级党组织备案。（2）党员缺乏革命意志，不履行党员义务，不符合党员条件，党的支部应当对他进行教育，要求他限期改正；经教育仍无转变的，应当劝他退党。劝党员退党，应当经支部大会讨论决定，并报上级党组织批准。

如被劝告退党的党员坚持不退，应当提交支部大会讨论，决定把他除名，并报上级党组织批准。（3）党员如果没有正当理由，连续六个月不参加党的组织生活，或不交纳党费，或不做党所分配的工作，就被认为是自行脱党。支部大会应当决定把这样的党员除名，并报上级党组织批准。

186 党的民主集中制的基本原则是什么?

根据《中国共产党章程》第十条的规定，党是根据自己的纲领和章程，按照民主集中制组织起来的统一整体。党的民主集中制的基本原则是：

（1）党员个人服从党的组织，少数服从多数，下级组织服从上级组织，全党各个组织和全体党员服从党的全国代表大会和中央委员会。

（2）党的各级领导机关，除它们派出的代表机关和在非党组织中的党组外，都由选举产生。

（3）党的最高领导机关，是党的全国代表大会和它所产生的中央委员会。党的地方各级领导机关，是党的地方各级代表大会和它们所产生的委员会。党的各级委员会向同级的代表大会负责并报告工作。

（4）党的上级组织要经常听取下级组织和党员群众的意见，

及时解决他们提出的问题。党的下级组织既要向上级组织请示和报告工作，又要独立负责地解决自己职责范围内的问题。上下级组织之间要互通情报、互相支持和互相监督。党的各级组织要按规定实行党务公开，使党员对党内事务有更多的了解和参与。

（5）党的各级委员会实行集体领导和个人分工负责相结合的制度。凡属重大问题都要按照集体领导、民主集中、个别酝酿、会议决定的原则，由党的委员会集体讨论，作出决定；委员会成员要根据集体的决定和分工，切实履行自己的职责。

（6）党禁止任何形式的个人崇拜。要保证党的领导人的活动处于党和人民的监督之下，同时维护一切代表党和人民利益的领导人的威信。

187 党的基层组织的基本任务有哪些？

根据《中国共产党章程》第三十二条的规定，党的基层组织是党在社会基层组织中的战斗堡垒，是党的全部工作和战斗力的基础。它的基本任务是：

（1）宣传和执行党的路线、方针、政策，宣传和执行党中央、上级组织和本组织的决议，充分发挥党员的先锋模范作用，积极创先争优，团结、组织党内外的干部和群众，努力完成本单位所担负的任务。

（2）组织党员认真学习马克思列宁主义、毛泽东思想、邓小平理论、“三个代表”重要思想、科学发展观、习近平新时代中国特色社会主义思想，推进“两学一做”学习教育常态化制度化，学习党的路线、方针、政策和决议，学习党的基本知识，学习科学、文化、法律和业务知识。

（3）对党员进行教育、管理、监督和服务，提高党员素质，坚定理想信念，增强党性，严格党的组织生活，开展批评和自我批评，维护和执行党的纪律，监督党员切实履行义务，保障党员的权利不受侵犯。加强和改进流动党员管理。

（4）密切联系群众，经常了解群众对党员、党的工作的批评和意见，维护群众的正当权利和利益，做好群众的思想政治工作。

（5）充分发挥党员和群众的积极性创造性，发现、培养和推荐他们中间的优秀人才，鼓励和支持他们在改革开放和社会主义现代化建设中贡献自己的聪明才智。

（6）对要求入党的积极分子进行教育和培养，做好经常性的发展党员工作，重视在生产、工作第一线和青年中发展党员。

（7）监督党员干部和其他任何工作人员严格遵守国家法律法规，严格遵守国家的财政经济法规和人事制度，不得侵占国家、集体和群众的利益。

（8）教育党员和群众自觉抵制不良倾向，坚决同各种违纪违法行为作斗争。

188 党的各级领导干部具备的基本条件有哪些?

根据《中国共产党章程》第三十六条的规定，党的各级领导干部必须信念坚定、为民服务、勤政务实、敢于担当、清正廉洁，模范地履行本章程第三条所规定的党员的各项义务，并且必须具备以下的基本条件：

（1）具有履行职责所需要的马克思列宁主义、毛泽东思想、邓小平理论、“三个代表”重要思想、科学发展观的水平，带头贯彻落实习近平新时代中国特色社会主义思想，努力用马克思主义的立场、观点、方法分析和解决实际问题，坚持讲学习、讲政治、讲正气，经得起各种风浪的考验。

（2）具有共产主义远大理想和中国特色社会主义坚定信念，坚决执行党的基本路线和各项方针、政策，立志改革开放，献身现代化事业，在社会主义建设中艰苦创业，树立正确政绩观，做出经得起实践、人民、历史检验的实绩。

（3）坚持解放思想，实事求是，与时俱进，开拓创新，认真调查研究，能够把党的方针、政策同本地区、本部门的实际相结合，卓有成效地开展工作，讲实话，办实事，求实效。

（4）有强烈的革命事业心和政治责任感，有实践经验，有胜任领导工作的组织能力、文化水平和专业知识。

（5）正确行使人民赋予的权力，坚持原则，依法办事，清正廉洁，勤政为民，以身作则，艰苦朴素，密切联系群众，坚持党的群众路线，自觉地接受党和群众的批评和监督，加强道德修养，讲党性、重品行、作表率，做到自重、自省、自警、自励，反对形式主义、官僚主义、享乐主义和奢靡之风，反对任何滥用职权、谋求私利的行为。

（6）坚持和维护党的民主集中制，有民主作风，有全局观念，善于团结同志，包括团结同自己有不同意见的同志一道工作。

189 党员干部违反政治纪律的行为及应受的处分有哪些？

根据《中国共产党纪律处分条例》第四十四条至第六十九条的规定，党员干部违反政治纪律的行为及应受处分具体如下：

（1）在重大原则问题上不同党中央保持一致且有实际言论、行为或者造成不良后果的，给予警告或者严重警告处分；情节较重的，给予撤销党内职务或者留党察看处分；情节严重的，给予开除党籍处分。

（2）通过信息网络、广播、电视、报刊、传单、书籍等，或者利用讲座、论坛、报告会、座谈会等方式，公开发表坚持资产阶级自由化立场、反对四项基本原则，反对党的改革开放决策的文章、演说、宣言、声明等的，给予开除党籍处分。发布、播出、刊登、出版上述所列文章、演说、宣言、声明等或者为上述行为提供方便条件的，对直接责任者和领导责任者，给予严重警告或者撤销党内职务处分；情节严重的，给予留党察看或者开除党籍处分。

（3）通过信息网络、广播、电视、报刊、传单、书籍等，或者利用讲座、论坛、报告会、座谈会等方式，公开发表违背四项基本原则，违背、歪曲党的改革开放决策，或者其他有严重政治问题的文章、演说、宣言、声明等的；妄议党中央大政方针，破坏党的集中统一的；丑化党和国家形象，或者诋毁、诬蔑党和国家领导人、英雄模范，或者歪曲党的历史、中华人民共和国历史、人民军队历史的，情节较轻的，给予警告或者严重警告处分；情节较重的，给予撤销党内职务或者留党察看处分；情节严重的，给予开除党籍处分。

发布、播出、刊登、出版上述所列内容或者为上述行为提供方便条件的，对直接责任者和领导责任者，给予严重警告或者撤销党内职务处分；情节严重的，给予留党察看或者开除党籍处分。

（4）制作、贩卖、传播（2）、（3）项所列内容之一的书刊、音像制品、电子读物、网络音视频资料等，情节较轻的，给予警告或者严重警告处分；情节较重的，给予撤销党内职务或者留党察看处分；情节严重的，给予开除党籍处分。私自携带、寄递（2）、（3）项所列内容之一的书刊、音像制品、电子读物等入出境，情节较重的，给予警告或者严重警告处分；情节严重的，给予撤销党内职务、留党察看或者开除党籍处分。

（5）在党内组织秘密集团或者组织其他分裂党的活动的，给予开除党籍处分。参加秘密集团或者参加其他分裂党的活动的，给予留党察看或者开除党籍处分。

（6）在党内搞团团伙伙、结党营私、拉帮结派、培植个人势力等非组织活动，或者通过搞利益交换、为自己营造声势等活动捞取政治资本的，给予严重警告或者撤销党内职务处分；导致本地区、本部门、本单位政治生态恶化的，给予留党察看或者开除党籍处分。

（7）党员领导干部在本人主政的地方或者分管的部门自行其是，搞山头主义，拒不执行党中央确定的大政方针，甚至背着党中央另搞一套的，给予撤销党内职务、留党察看或者开除党籍处分。落实党中央决策部署不坚决，打折扣、搞变通，在政治上造成不良影响或者严重后果的，给予警告或者严重警告处分；情节严重的，给予撤销党内职务、留党察看或者开除党籍处分。

（8）对党不忠诚不老实，表里不一，阳奉阴违，欺上瞒下，搞两面派，做两面人，情节较轻的，给予警告或者严重警告处分；情节较重的，给予撤销党内职务或者留党察看处分；情节严重的，给予开除党籍处分。

（9）制造、散布、传播政治谣言，破坏党的团结统一的，政治品行恶劣，匿名诬告，有意陷害或者制造其他谣言，造成损害或者不良影响的，给予警告或者严重警告处分；情节较重的，给予撤销党内职务或者留党察看处分；情节严重的，给予开除党籍处分。

（10）擅自对应当由党中央决定的重大政策问题作出决定、对外发表主张的，对直接责任者和领导责任者，给予严重警告或者撤销党内职务处分；情节严重的，给予留党察看或者开除党籍处分。

（11）不按照有关规定向组织请示、报告重大事项，情节较重的，给予警告或者严重警告处分；情节严重的，给予撤销党内职务或者留党察看处分。

（12）干扰巡视巡察工作或者不落实巡视巡察整改要求，情节较轻的，给予警告或者严重警告处分；情节较重的，给予撤销党内职务或者留党察看处分；情节严重的，给予开除党籍处分。

（13）对抗组织审查，有串供或者伪造、销毁、转移、隐匿证据的；阻止他人揭发检举、提供证据材料的；包庇同案人员的；向组织提供虚假情况，掩盖事实的；有其他对抗组织审查行为的行为之一的，给予警告或者严重警告处分；情节较重的，给予撤销党内职务或者留党察看处分；情节严重的，给予开除党籍处分。

例如，某市物资总公司原党委书记、总经理张某违反政治纪律对抗组织审查问题。2015 年 4 月，张某为应对市国资委年度目标考核和监事会年度检查，以及掩盖个人侵吞下属公司资金的违纪事实，与某建筑装饰公司经理龙某和某投资有限公司法人肖某一起串供堵口，统一口径。2016 年 8 月，市国资委对市物资总公司借款事宜调查期间，张某害怕个人违纪事实暴露，又与龙某和肖某合伙将上述违法所得，作为龙某借款本金，存入该下属公司账户，试图掩盖事实真相。2016 年 12 月，经市委批准，市纪委决定连同张某其他违纪问题给予其开除党籍处分，将其涉嫌犯罪问题及线索移送司法机关依法处理。2017 年 1 月，经市政府批准，市监察局给予其开除公职处分。

（14）组织、参加反对党的基本理论、基本路线、基本方略或者重大方针政策的集会、游行、示威等活动的，或者以组织讲座、论坛、报告会、座谈会等方式，反对党的基本理论、基本路线、基本方略或者重大方针政策，造成严重不良影响的，对策划者、组织者和骨干分子，给予开除党籍处分。

对其他参加人员或者以提供信息、资料、财物、场地等方式支持上述活动者，情节较轻的，给予警告或者严重警告处分；情节较重的，给予撤销党内职务或者留党察看处分；情节严重的，给予开除党籍处分。对不明真相被裹挟参加，经批评教育后确有悔改表现的，可以免予处分或者不予处分。未经组织批准参加其他集会、游行、示威等活动，情节较轻的，给予警告或者严重警告处分；情节较重的，给予撤销党内职务或者留党察看处分；情节严重的，给予开除党籍处分。

（15）组织、参加旨在反对党的领导、反对社会主义制度或者敌视政府等组织的，对策划者、组织者和骨干分子，给予开除党籍处分。对其他参加人员，情节较轻的，给予警告或者严重警告处分；情节较重的，给予撤销党内职务或者留党察看处分；情节严重的，给予开除党籍处分。

（16）组织、参加会道门或者邪教组织的，对策划者、组织者和骨干分子，给予开除党籍处分。对其他参加人员，情节较轻的，给予警告或者严重警告处分；情节较重的，给予撤销党内职务或者留党察看处分；情节严重的，给予开除党籍处分。对不明真相的参加人员，经批评教育后确有悔改表现的，可以免予处分或者不予处分。

（17）从事、参与挑拨破坏民族关系制造事端或者参加民族分裂活动的，对策划者、组织者和骨干分子，给予开除党籍处分。对其他参加人员，情节较轻的，给予警告或者严重警告处分；情节较重的，给予撤销党内职务或者留党察看处分；情节严重的，给予开除党籍处分。对不明真相被裹挟参加，经批评教育后确有悔改表现的，可以免予处分或者不予处分。有其他违反党和国家民族政策的行为，情节较轻的，给予警告或者严重警告处分；情节较重的，给予撤销党内职务或者留党察看处分；情节严重的，给予开除党籍处分。

（18）组织、利用宗教活动反对党的路线、方针、政策和决议，破坏民族团结的，对策划者、组织者和骨干分子，给予开除党籍处分。对其他参加人员，给予撤销党内职务或者留党察看处分；情节严重的，给予开除党籍处分。对不明真相被裹挟参加，经批评教育后确有悔改表现的，可以免予处分或者不予处分。

有其他违反党和国家宗教政策的行为，情节较轻的，给予警告或者严重警告处分；情节较重的，给予撤销党内职务或者留党察看处分；情节严重的，给予开除党籍处分。

（19）对信仰宗教的党员，应当加强思想教育，经党组织帮助教育仍没有转变的，应当劝其退党；劝而不退的，予以除名；参与利用宗教搞煽动活动的，给予开除党籍处分。

（20）组织迷信活动的，给予撤销党内职务或者留党察看处分；情节严重的，给予开除党籍处分。参加迷信活动，造成不良影响的，给予警告或者严重警告处分；情节较重的，给予撤销党内职务或者留党察看处分；情节严重的，给予开除党籍处分。对不明真相的参加人员，经批评教育后确有悔改表现的，可以免予处分或者不予处分。

（21）组织、利用宗族势力对抗党和政府，妨碍党和国家的方针政策以及决策部署的实施，或者破坏党的基层组织建设的，对策划者、组织者和骨干分子，给予开除党籍处分。对其他参加人员，给予撤销党内职务或者留党察看处分；情节严重的，给予开除党籍处分。对不明真相被裹挟参加，经批评教育后确有悔改表现的，可以免予处分或者不予处分。

（22）在国（境）外、外国驻华使（领）馆申请政治避难，或者违纪后逃往国（境）外、外国驻华使（领）馆的，在国（境）外公开发表反对党和政府的文章、演说、宣言、声明等的，给予开除党籍处分。故意为上述行为提供方便条件的，给予留党察看或者开除党籍处分。

（23）在涉外活动中，其言行在政治上造成恶劣影响，损害党和国家尊严、利益的，给予撤销党内职务或者留党察看处分；情节严重的，给予开除党籍处分。

（24）不履行全面从严治党主体责任、监督责任或者履行全面从严治党主体责任、监督责任不力，给党组织造成严重损害或者严重不良影响的，对直接责任者和领导责任者，给予警告或者严重警告处分；情节严重的，给予撤销党内职务或者留党察看处分。

（25）党员领导干部对违反政治纪律和政治规矩等错误思想和行为不报告、不抵制、不斗争，放任不管，搞无原则一团和气，造成不良影响的，给予警告或者严重警告处分；情节严重的，给予撤销党内职务或者留党察看处分。

（26）违反党的优良传统和工作惯例等党的规矩，在政治上造成不良影响的，给予警告或者严重警告处分；情节较重的，给予撤销党内职务或者留党察看处分；情节严重的，给予开除党籍处分。

190 党员干部违反组织纪律的行为及应受的处分有哪些？

根据《中国共产党纪律处分条例》第七十条至第八十四条的规定，党员干部违反组织纪律的行为及应受的处分具体如下：

（1）违反民主集中制原则，有拒不执行或者擅自改变党组织作出的重大决定；违反议事规则，个人或者少数人决定重大问题；故意规避集体决策，决定重大事项、重要干部任免、重要项目安排和大额资金使用；借集体决策名义集体违规等情形之一的，给予警告或者严重警告处分；情节严重的，给予撤销党内职务或者留党察看处分。

（2）下级党组织拒不执行或者擅自改变上级党组织决定的，对直接责任者和领导责任者，给予警告或者严重警告处分；情节严重的，给予撤销党内职务或者留党察看处分。

（3）拒不执行党组织的分配、调动、交流等决定的，给予警告、严重警告或者撤销党内职务处分。在特殊时期或者紧急状况下，拒不执行党组织决定的，给予留党察看或者开除党籍处分。

（4）有违反个人有关事项报告规定，隐瞒不报；在组织进行谈话、函询时，不如实向组织说明问题；不按要求报告或者不如实报告个人去向；不如实填报个人档案资料等情形之一的，情节较重的，给予警告或者严重警告处分：

篡改、伪造个人档案资料的，给予严重警告处分；情节严重的，给予撤销党内职务或者留党察看处分。隐瞒入党前严重错误的，一般应当予以除名；对入党后表现尚好的，给予严重警告、撤销党内职务或者留党察看处分。

（5）党员领导干部违反有关规定组织、参加自发成立的老乡会、校友会、战友会等，情节严重的，给予警告、严重警告或者撤销党内职务处分。

（6）有在民主推荐、民主测评、组织考察和党内选举中搞拉票、助选等非组织活动；在法律规定的投票、选举活动中违背组织原则搞非组织活动，组织、怂恿、诱使他人投票、表决；在选举中进行其他违反党章、其他党内法规和有关章程活动等情形之一的，给予警告或者严重警告处分；情节较重的，给予撤销党内职务或者留党察看处分；情节严重的，给予开除党籍处分。搞有组织的拉票贿选，或者用公款拉票贿选的，从重或者加重处分。

（7）在干部选拔任用工作中，有任人唯亲、排斥异己、封官许愿、说情干预、跑官要官、突击提拔或者调整干部等违反干部选拔任用规定行为，对直接责任者和领导责任者，情节较轻的，给予警告或者严重警告处分；情节较重的，给予撤销党内职务或者留党察看处分；情节严重的，给予开除党籍处分。用人失察失误造成严重后果的，对直接责任者和领导责任者，依照前述规定处理。

（8）在干部、职工的录用、考核、职务晋升、职称评定和征兵、安置复转军人等工作中，隐瞒、歪曲事实真相，或者利用职权或者职务上的影响违反有关规定为本人或者其他人谋取利益的，给予警告或者严重警告处分；情节较重的，给予撤销党内职务或者留党察看处分；情节严重的，给予开除党籍处分。弄虚作假，骗取职务、职级、职称、待遇、资格、学历、学位、荣誉或者其他利益的，依照前述规定处理。

（9）侵犯党员的表决权、选举权和被选举权，情节较重的，给予警告或者严重警告处分；情节严重的，给予撤销党内职务处分。以强迫、威胁、欺骗、拉拢等手段，妨害党员自主行使表决权、选举权和被选举权的，给予撤销党内职务、留党察看或者开除党籍处分。

（10）有对批评、检举、控告进行阻挠、压制，或者将批评、检举、控告材料私自扣压、销毁，或者故意将其泄露给他人的；

对党员的申辩、辩护、作证等进行压制，造成不良后果的；压制党员申诉，造成不良后果的，或者不按照有关规定处理党员申诉的；有其他侵犯党员权利行为，造成不良后果的行为之一的，给予警告或者严重警告处分；情节较重的，给予撤销党内职务或者留党察看处分；情节严重的，给予开除党籍处分。对批评人、检举人、控告人、证人及其他人员打击报复的，从重或者加重处分。党组织有上述行为的，对直接责任者和领导责任者，依照前述规定处理。

（11）违反党章和其他党内法规的规定，采取弄虚作假或者其他手段把不符合党员条件的人发展为党员，或者为非党员出具党员身份证明的，对直接责任者和领导责任者，给予警告或者严重警告处分；情节严重的，给予撤销党内职务处分。违反有关规定程序发展党员的，对直接责任者和领导责任者，依照前述规定处理。

（12）违反有关规定取得外国国籍或者获取国（境）外永久居留资格、长期居留许可的，给予撤销党内职务、留党察看或者开除党籍处分。

（13）违反有关规定办理因私出国（境）证件、前往港澳通行证，或者未经批准出入国（边）境，情节较轻的，给予警告或者严重警告处分；情节较重的，给予撤销党内职务处分；情节严重的，给予留党察看处分。

（14）驻外机构或者临时出国（境）团（组）中的党员擅自脱离组织，或者从事外事、机要、军事等工作的党员违反有关规定同国（境）外机构、人员联系和交往的，给予警告、严重警告或者撤销党内职务处分。

（15）驻外机构或者临时出国（境）团（组）中的党员，脱离组织出走时间不满六个月又自动回归的，给予撤销党内职务或者留党察看处分；脱离组织出走时间超过六个月的，按照自行脱党处理，党内予以除名。故意为他人脱离组织出走提供方便条件的，给予警告、严重警告或者撤销党内职务处分。

191 党员干部违反廉洁纪律的行为及应受的处分有哪些？

根据《中国共产党纪律处分条例》第八十五条至第一百一十一条的规定，党员干部违反廉洁纪律的行为及应受的处分具体如下：

（1）党员干部必须正确行使人民赋予的权力，清正廉洁，反对任何滥用职权、谋求私利的行为。利用职权或者职务上的影响为他人谋取利益，本人的配偶、子女及其配偶等亲属和其他特定关系人收受对方财物，情节较重的，给予警告或者严重警告处分；情节严重的，给予撤销党内职务、留党察看或者开除党籍处分。

（2）相互利用职权或者职务上的影响为对方及其配偶、子女及其配偶等亲属、身边工作人员和其他特定关系人谋取利益搞权权交易的，给予警告或者严重警告处分；情节较重的，给予撤销党内职务或者留党察看处分；情节严重的，给予开除党籍处分。

（3）纵容、默许配偶、子女及其配偶等亲属、身边工作人员和其他特定关系人利用党员干部本人职权或者职务上的影响谋取私利，情节较轻的，给予警告或者严重警告处分；情节较重的，给予撤销党内职务或者留党察看处分；情节严重的，给予开除党籍处分。党员干部的配偶、子女及其配偶等亲属和其他特定关系人不实际工作而获取薪酬或者虽实际工作但领取明显超出同职级标准薪酬，党员干部知情未予纠正的，依照前述规定处理。

（4）收受可能影响公正执行公务的礼品、礼金、消费卡和有价证券、股权、其他金融产品等财物，收受其他明显超出正常礼尚往来的财物的，情节较轻的，给予警告或者严重警告处分；情节较重的，给予撤销党内职务或者留党察看处分；情节严重的，给予开除党籍处分。例如，黄某某担任惠州市经贸委主任、惠州市副市长、省水利厅厅长期间，逢年过节收受省水利厅、省属有关企业、惠州市党政领导干部与社会老板贿赂、礼金近亿元，不少是一些老板和领导干部以“人情往来”为由交到黄某某及其家人手里的，少则一两万元，多的达成百上千万元。2015 年 9 月，黄某某因违规收受巨额礼金；利用职务上的便利为他人谋取利益，收受他人贿赂等问题被“双开”，其违纪所得被收缴。

（5）向从事公务的人员及其配偶、子女及其配偶等亲属和其他特定关系人赠送明显超出正常礼尚往来的礼品、礼金、消费卡和有价证券、股权、其他金融产品等财物，情节较重的，给予警告或者严重警告处分；情节严重的，给予撤销党内职务或者留党察看处分。

（6）借用管理和服务对象的钱款、住房、车辆等，影响公正执行公务，情节较重的，给予警告或者严重警告处分；情节严重的，给予撤销党内职务、留党察看或者开除党籍处分。通过民间借贷等金融活动获取大额回报，影响公正执行公务的，依照前述规定处理。

（7）利用职权或者职务上的影响操办婚丧喜庆事宜，在社会上造成不良影响的，给予警告或者严重警告处分；情节严重的，给予撤销党内职务处分；借机敛财或者有其他侵犯国家、集体和人民利益行为的，从重或者加重处分，直至开除党籍。

（8）接受、提供可能影响公正执行公务的宴请或者旅游、健身、娱乐等活动安排，情节较重的，给予警告或者严重警告处分；情节严重的，给予撤销党内职务或者留党察看处分。

（9）违反有关规定取得、持有、实际使用运动健身卡、会所和俱乐部会员卡、高尔夫球卡等各种消费卡，或者违反有关规定出入私人会所，情节较重的，给予警告或者严重警告处分；情节严重的，给予撤销党内职务或者留党察看处分。

（10）违反有关规定从事营利活动，有经商办企业的；拥有非上市公司（企业）的股份或者证券的；买卖股票或者进行其他证券投资的；从事有偿中介活动的；在国（境）外注册公司或者投资入股的；有其他违反有关规定从事营利活动的行为之一的，情节较轻的，给予警告或者严重警告处分；情节较重的，给予撤销党内职务或者留党察看处分；情节严重的，给予开除党籍处分。

利用参与企业重组改制、定向增发、兼并投资、土地使用权出让等决策、审批过程中掌握的信息买卖股票，利用职权或者职务上的影响通过购买信托产品、基金等方式非正常获利的，依照前款规定处理。违反有关规定在经济组织、社会组织等单位中兼职，或者经批准兼职但获取薪酬、奖金、津贴等额外利益的，依照前述规定处理。

（11）利用职权或者职务上的影响，为配偶、子女及其配偶等亲属和其他特定关系人在审批监管、资源开发、金融信贷、大宗采购、土地使用权出让、房地产开发、工程招投标以及公共财政支出等方面谋取利益，情节较轻的，给予警告或者严重警告处分；情节较重的，给予撤销党内职务或者留党察看处分；情节严重的，给予开除党籍处分。利用职权或者职务上的影响，为配偶、子女及其配偶等亲属和其他特定关系人吸收存款、推销金融产品等提供帮助谋取利益的，依照前述规定处理。

（12）党员领导干部离职或者退（离）休后违反有关规定接受原任职务管辖的地区和业务范围内的企业和中介机构的聘任，或者个人从事与原任职务管辖业务相关的营利活动，情节较轻的，给予警告或者严重警告处分；情节较重的，给予撤销党内职务处分；情节严重的，给予留党察看处分。党员领导干部离职或者退（离）休后违反有关规定担任上市公司、基金管理公司独立董事、独立监事等职务，情节较轻的，给予警告或者严重警告处分；情节较重的，给予撤销党内职务处分；情节严重的，给予留党察看处分。

（13）党员领导干部的配偶、子女及其配偶，违反有关规定在该党员领导干部管辖的地区和业务范围内从事可能影响其公正执行公务的经营活动，或者在该党员领导干部管辖的地区和业务范围内的外商独资企业、中外合资企业中担任由外方委派、聘任的高级职务或者违规任职、兼职取酬的，该党员领导干部应当按照规定予以纠正；拒不纠正的，其本人应当辞去现任职务或者由组织予以调整职务；不辞去现任职务或者不服从组织调整职务的，给予撤销党内职务处分。

（14）党和国家机关违反有关规定经商办企业的，对直接责任者和领导责任者，给予警告或者严重警告处分；情节严重的，给予撤销党内职务处分。

（15）党员领导干部违反工作、生活保障制度，在交通、医疗、警卫等方面为本人、配偶、子女及其配偶等亲属和其他特定关系人谋求特殊待遇，情节较重的，给予警告或者严重警告处分；情节严重的，给予撤销党内职务或者留党察看处分。

（16）在分配、购买住房中侵犯国家、集体利益，情节较轻的，给予警告或者严重警告处分；情节较重的，给予撤销党内职务或者留党察看处分；情节严重的，给予开除党籍处分。

（17）利用职权或者职务上的影响，侵占非本人经管的公私财物，或者以象征性地支付钱款等方式侵占公私财物，或者无偿、象征性地支付报酬接受服务、使用劳务，情节较轻的，给予警告或者严重警告处分；情节较重的，给予撤销党内职务或者留党察看处分；情节严重的，给予开除党籍处分。利用职权或者职务上的影响，将本人、配偶、子女及其配偶等亲属应当由个人支付的费用，由下属单位、其他单位或者他人支付、报销的，依照前述规定处理。

（18）利用职权或者职务上的影响，违反有关规定占用公物归个人使用，时间超过六个月，情节较重的，给予警告或者严重警告处分；情节严重的，给予撤销党内职务处分。占用公物进行营利活动的，给予警告或者严重警告处分；情节较重的，给予撤销党内职务或者留党察看处分；情节严重的，给予开除党籍处分。将公物借给他人进行营利活动的，依照前述规定处理。

（19）违反有关规定组织、参加用公款支付的宴请、高消费娱乐、健身活动，或者用公款购买赠送或者发放礼品、消费卡（券）等，对直接责任者和领导责任者，情节较轻的，给予警告或者严重警告处分；情节较重的，给予撤销党内职务或者留党察看处分；情节严重的，给予开除党籍处分。

（20）违反有关规定自定薪酬或者滥发津贴、补贴、奖金等，对直接责任者和领导责任者，情节较轻的，给予警告或者严重警告处分；情节较重的，给予撤销党内职务或者留党察看处分；情节严重的，给予开除党籍处分。

（21）有公款旅游或者以学习培训、考察调研、职工疗养等为名变相公款旅游的；改变公务行程，借机旅游的；参加所管理企业、下属单位组织的考察活动，借机旅游等行为之一的，对直接责任者和领导责任者，情节较轻的，给予警告或者严重警告处分；情节较重的，给予撤销党内职务或者留党察看处分；情节严重的，给予开除党籍处分。以考察、学习、培训、研讨、招商、参展等名义变相用公款出国（境）旅游的，依照前述规定处理。

（22）违反公务接待管理规定，超标准、超范围接待或者借机大吃大喝，对直接责任者和领导责任者，情节较重的，给予警告或者严重警告处分；情节严重的，给予撤销党内职务处分。

（23）违反有关规定配备、购买、更换、装饰、使用公务交通工具或者有其他违反公务交通工具管理规定的行为，对直接责任者和领导责任者，情节较重的，给予警告或者严重警告处分；情节严重的，给予撤销党内职务或者留党察看处分。

（24）违反会议活动管理规定，到禁止召开会议的风景名胜区开会的；决定或者批准举办各类节会、庆典活动的，对直接责任者和领导责任者，情节较重的，给予警告或者严重警告处分；

情节严重的，给予撤销党内职务处分。擅自举办评比达标表彰活动或者借评比达标表彰活动收取费用的，依照前述规定处理。

（25）违反办公用房管理等规定，有决定或者批准兴建、装修办公楼、培训中心等楼堂馆所的；超标准配备、使用办公用房的；用公款包租、占用客房或者其他场所供个人使用等行为之一的，对直接责任者和领导责任者，情节较重的，给予警告或者严重警告处分；情节严重的，给予撤销党内职务处分。

（26）搞权色交易或者给予财物搞钱色交易的，给予警告或者严重警告处分；情节较重的，给予撤销党内职务或者留党察看处分；情节严重的，给予开除党籍处分。

（27）有其他违反廉洁纪律规定行为的，应当视具体情节给予警告直至开除党籍处分。

192 党员干部违反群众纪律的行为及应受的处分有哪些？

根据《中国共产党纪律处分条例》第一百一十二条至第一百二十条的规定，党员干部违反群众纪律的行为及应受的处分具体如下：

（1）有超标准、超范围向群众筹资筹劳、摊派费用，加重群众负担的；违反有关规定扣留、收缴群众款物或者处罚群众的；克扣群众财物，或者违反有关规定拖欠群众钱款的；在管理、服务活动中违反有关规定收取费用的；在办理涉及群众事务时刁难群众、吃拿卡要的；其他侵害群众利益行为等行为之一的，对直接责任者和领导责任者，情节较轻的，给予警告或者严重警告处分；情节较重的，给予撤销党内职务或者留党察看处分；情节严重的，给予开除党籍处分。在扶贫领域有上述行为的，从重或者加重处分。

（2）干涉生产经营自主权，致使群众财产遭受较大损失的，对直接责任者和领导责任者，给予警告或者严重警告处分；情节严重的，给予撤销党内职务或者留党察看处分。

（3）在社会保障、政策扶持、扶贫脱贫、救灾救济款物分配等事项中优亲厚友、明显有失公平的，给予警告或者严重警告处分；情节较重的，给予撤销党内职务或者留党察看处分；情节严重的，给予开除党籍处分。

（4）利用宗族或者黑恶势力等欺压群众，或者纵容涉黑涉恶活动、为黑恶势力充当“保护伞”的，给予撤销党内职务或者留党察看处分；情节严重的，给予开除党籍处分。

（5）有对涉及群众生产、生活等切身利益的问题依照政策或者有关规定能解决而不及时解决，庸懒无为、效率低下，造成不良影响的；对符合政策的群众诉求消极应付、推诿扯皮，损害党群、干群关系的；对待群众态度恶劣、简单粗暴，造成不良影响的；弄虚作假，欺上瞒下，损害群众利益的；有其他不作为、

乱作为等损害群众利益行为的行为之一的，对直接责任者和领导责任者，情节较重的，给予警告或者严重警告处分；情节严重的，给予撤销党内职务或者留党察看处分。

（6）盲目举债、铺摊子、上项目，搞劳民伤财的“形象工程”“政绩工程”，致使国家、集体或者群众财产和利益遭受较大损失的，对直接责任者和领导责任者，给予警告或者严重警告处分；情节严重的，给予撤销党内职务、留党察看或者开除党籍处分。

（7）遇到国家财产和群众生命财产受到严重威胁时，能救而不救，情节较重的，给予警告、严重警告或者撤销党内职务处分；情节严重的，给予留党察看或者开除党籍处分。

（8）不按照规定公开党务、政务、厂务、村（居）务等，侵犯群众知情权，对直接责任者和领导责任者，情节较重的，给予警告或者严重警告处分；情节严重的，给予撤销党内职务或者留党察看处分。

（9）有其他违反群众纪律规定行为的，应当视具体情节给予警告直至开除党籍处分。

193 党员干部违反工作纪律的行为及应受的处分有哪些？

根据《中国共产党纪律处分条例》第一百二十一条至第一百三十三条的规定，党员干部违反工作纪律的行为及应受的处分具体如下：

（1）工作中不负责任或者疏于管理，贯彻执行、检查督促落实上级决策部署不力，给党、国家和人民利益以及公共财产造成较大损失的，对直接责任者和领导责任者，给予警告或者严重警告处分；造成重大损失的，给予撤销党内职务、留党察看或者开除党籍处分。贯彻创新、协调、绿色、开放、共享的发展理念不力，对职责范围内的问题失察失责，造成较大损失或者重大损失的，从重或者加重处分。

（2）有贯彻党中央决策部署只表态不落实的；热衷于搞舆论造势、浮在表面的；单纯以会议贯彻会议、以文件落实文件，在实际工作中不见诸行动的；工作中有其他形式主义、官僚主义行为等行为之一的，造成严重不良影响，对直接责任者和领导责任者，情节较轻的，给予警告或者严重警告处分；情节较重的，给予撤销党内职务或者留党察看处分；情节严重的，给予开除党籍处分。

（3）党组织有党员被依法判处刑罚后，不按照规定给予党纪处分，或者对违反国家法律法规的行为，应当给予党纪处分而不处分的；党纪处分决定或者申诉复查决定作出后，不按照规定落实决定中关于被处分人党籍、职务、职级、待遇等事项的；党员受到党纪处分后，不按照干部管理权限和组织关系对受处分党员开展日常教育、管理和监督工作等行为之一的，对直接

责任者和领导责任者，情节较重的，给予警告或者严重警告处分；情节严重的，给予撤销党内职务或者留党察看处分。

（4）因工作不负责任致使所管理的人员叛逃的，对直接责任者和领导责任者，给予警告或者严重警告处分；情节严重的，给予撤销党内职务处分。因工作不负责任致使所管理的人员出走，对直接责任者和领导责任者，情节较重的，给予警告或者严重警告处分；情节严重的，给予撤销党内职务处分。

（5）在上级检查、视察工作或者向上级汇报、报告工作时对应当报告的事项不报告或者不如实报告，造成严重损害或者严重不良影响的，对直接责任者和领导责任者，给予警告或者严重警告处分；情节严重的，给予撤销党内职务或者留党察看处分。在上级检查、视察工作或者向上级汇报、报告工作时纵容、唆使、暗示、强迫下级说假话、报假情的，从重或者加重处分。

（6）党员领导干部违反有关规定干预和插手市场经济活动，有干预和插手建设工程项目承发包、土地使用权出让、政府采购、房地产开发与经营、矿产资源开发利用、中介机构服务等活动的；干预和插手国有企业重组改制、兼并、破产、产权交易、清产核资、资产评估、资产转让、重大项目投资以及其他重大经营活动等事项的；干预和插手批办各类行政许可和资金借贷等事项的；干预和插手经济纠纷的；干预和插手集体资金、资产和资源的使用、分配、承包、租赁等事项的行为之一的，造成不良影响的，给予警告或者严重警告处分；情节较重的，给予撤销党内职务或者留党察看处分；情节严重的，给予开除党籍处分。

（7）党员领导干部违反有关规定干预和插手司法活动、执纪执法活动，向有关地方或者部门打听案情、打招呼、说情，或者以其他方式对司法活动、执纪执法活动施加影响，情节较轻的，给予严重警告处分；情节较重的，给予撤销党内职务或者留党察看处分；情节严重的，给予开除党籍处分。党员领导干部违反有关规定干预和插手公共财政资金分配、项目立项评审、政府奖励表彰等活动，造成重大损失或者不良影响的，依照前述规定处理。

（8）泄露、扩散或者打探、窃取党组织关于干部选拔任用、纪律审查、巡视巡察等尚未公开事项或者其他应当保密的内容的，给予警告或者严重警告处分；情节较重的，给予撤销党内职务或者留党察看处分；情节严重的，给予开除党籍处分。私自留存涉及党组织关于干部选拔任用、纪律审查、巡视巡察等方面资料，情节较重的，给予警告或者严重警告处分；情节严重的，给予撤销党内职务处分。

（9）在考试、录取工作中，有泄露试题、考场舞弊、涂改考卷、违规录取等违反有关规定行为的，给予警告或者严重警告处分；情节较重的，给予撤销党内职务或者留党察看处分；情节严重的，给予开除党籍处分。

（10）以不正当方式谋求本人或者其他人用公款出国（境），情节较轻的，给予警告处分；情节较重的，给予严重警告处分；情节严重的，给予撤销党内职务处分。

（11）临时出国（境）团（组）或者人员中的党员，擅自延长在国（境）外期限，或者擅自变更路线的，对直接责任者和领导责任者，给予警告或者严重警告处分；情节严重的，给予撤销党内职务处分。

（12）驻外机构或者临时出国（境）团（组）中的党员，触犯驻在国家、地区的法律、法令或者不尊重驻在国家、地区的宗教习俗，情节较重的，给予警告或者严重警告处分；情节严重的，给予撤销党内职务、留党察看或者开除党籍处分。

（13）在党的纪律检查、组织、宣传、统一战线工作以及机关工作等其他工作中，不履行或者不正确履行职责，造成损失或者不良影响的，应当视具体情节给予警告直至开除党籍处分。

194 党员干部违反生活纪律的行为及应受的处分有哪些？

根据《中国共产党纪律处分条例》第一百三十四条至第一百三十八条的规定，党员干部违反生活纪律的行为及应受的处分具体如下：

（1）生活奢靡、贪图享乐、追求低级趣味，造成不良影响的，给予警告或者严重警告处分；情节严重的，给予撤销党内职务处分。例如，王某某在担任某区副区长、某新区中心商务区主要领导期间，与不法商人结成“小圈子”，大搞权钱交易、利益输送。特别是临近退休，为保证退休后继续过上安逸享乐的生活，王某某疯狂敛财、恣意妄为，用索贿钱款订购豪华庭院式别墅，依水建造私家花园；仿照北京奥运“水立方”，违法建造地下、地上共三层、建筑面积1200余平方米的私人会所，内设游泳池、健身房、网球场、餐厅、烧烤台、花圃，配备进口高档红木家具，奢靡享乐到了疯狂地步。经市纪委常委会研究并报市委批准，开除王某某党籍，并将其涉嫌违法犯罪问题及线索移送司法机关处理。

（2）与他人发生不正当性关系，造成不良影响的，给予警告或者严重警告处分；情节较重的，给予撤销党内职务或者留党察看处分；情节严重的，给予开除党籍处分。利用职权、教养关系、从属关系或者其他相类似关系与他人发生性关系的，从重处分。

（3）党员领导干部不重视家风建设，对配偶、子女及其配偶失管失教，造成不良影响或者严重后果的，给予警告或者严重警告处分；情节严重的，给予撤销党内职务处分。

（4）违背社会公序良俗，在公共场所有不当行为，造成不良影响的，给予警告或者严重警告处分；情节较重的，给予撤销党内职务或者留党察看处分；情节严重的，给予开除党籍处分。2014年4月29日，三门峡市卢氏县某局原局长贾某某等人到河南广播电台商洽"文化科技卫生"三下乡演出活动有关事宜。午餐期间，贾某某违规饮酒。午餐后，贾某某与司机到省广电局停车场取车回卢氏县，发现自己乘坐的车辆被另一轿车堵住无法驶离，他拨打了后车车主张某的手机，对方没有接听，他便直接将后车上的雨刮器掰断扔到地上，然后跑到河南广播大厦的办公室寻找张某，并在办公区域大声喧哗。随后，保安赶来，将其带下了楼。据媒体报道，车主张某回到广电局院内，听说自己的车被损毁，立即拦住准备离开的贾某某要求赔偿。"醉酒的男子先是坐在车里大骂，然后下车撕打张某。一些目击者称，张某被扯拽了20多米，胳膊多处瘀青红肿。此事被河南广播电台及网络媒体报道后，在社会上造成不良影响。4月30日，经卢氏县委研究决定，免去贾某某的局长职务。通过调查取证、核实其违纪情况后，经卢氏县纪委研究决定，给予其党内严重警告处分。

（5）有其他严重违反社会公德、家庭美德行为的，应当视具体情节给予警告直至开除党籍处分。

195 什么是干部教育培训？

干部培训是指采取一定的培训方法，使干部在理论、知识、态度、能力方面达到改进并取得绩效提升的过程。干部培训的主要内容包括政治理论培训、政策法规培训、业务知识培训、文化素养培训和技能训练。党的十九大指出，要建设高素质专业化干部队伍，注重培养专业能力、专业精神，增强干部队伍适应新时代中国特色社会主义发展的能力。为干部教育培训指明了方向，提出了更高的要求。党的干部是党和国家事业的中坚力量，加强干部的教育培训是一项关系到长远、全局、根本的重要工作。干部素质高低、能力强弱、作风好坏，关系干部队伍整体形象，关系党和国家各项事业发展。因此，抓好干部教育培训，对于提高干部队伍素质能力，保证改革发展稳定各项任务落实，具有十分重要的意义。

196 干部教育培训应当遵循的原则有哪些？

（1）服务大局，按需施教。始终坚持社会主义办学方向，紧紧围绕党和国家事业发展需要，结合干部岗位职责和健康成长需求，开展教育培训，全面提高质量和效益。

（2）以德为先，注重能力。贯彻干部队伍革命化、年轻化、知识化、专业化方针，坚持德才兼备、以德为先，突出理想信念教育和党性党规党纪教育，将能力培养贯穿始终，全面提高干部德才素质和履职能力。

（3）分类分级，全员培训。按照干部管理权限组织实施教育培训，把教育培训的普遍性要求与不同类别、不同层次、不同岗位干部的特殊需要结合起来，增强针对性，确保全覆盖。

（4）联系实际，学以致用。大力弘扬马克思主义学风，围绕中心工作，以问题为导向开展教育培训，引导干部在改造主观世界的同时，运用所学理论和知识指导实践、推动工作。

（5）与时俱进，改革创新。适应形势任务发展变化，遵循干部成长规律和干部教育培训规律，坚持开放办学，完善培训内容，改进培训方式，整合培训资源，优化培训队伍，不断推进干部教育培训理论创新、实践创新、制度创新。

（6）依法治教，从严管理。建立健全干部教育培训法规制度，依法依规开展干部教育培训，从严治校、从严治教、从严治学，保持良好的教学秩序和学习风气。

197 干部教育培训包括哪些类型？

干部教育培训的对象是全体干部，干部教育培训根据不同的情况，分为不同类型的培训。全体干部根据不同的情况，参加相应的教育培训。具体如下：（1）贯彻落实党和国家重大决策部署的集中轮训，该种轮训是对干部进行的旨在提高素质、增强能力、拓宽视野等一系列针对党和国家重大决策部署的定期或不定期的系统培训；（2）党的基本理论和党性教育的专题培训，该培训是为了达到让干部深刻了解党的基本理论知识和党性而进行的专门培训；（3）新录（聘）用的初任培训，初任培训是对新录用的公务员进行的培训，培训主要内容包括政治理论、依法行政、公务员法和公务员行为规范、机关工作方式方法等基本知识和技能，重点提高公务员适应机关工作的能力；（4）晋升领导职务的任职培训，任职培训是机关对准备晋升领导职务的公务员，按照晋升职位的要求所实施的相应的培训。

干部教育培训的目的在于，通过对拟任领导职务的公务员进行所需的政策水平、组织领导能力和专业知识能力的培训，为公务员履行晋升的职务打好基础；在职期间的岗位培训，根据岗位要求所应具备的知识、技能而为干部安排的培训，目的在于提高在岗干部的业务知识，服务态度和专业技能；从事专项工作的专门业务培训，专门业务培训是指机关公务员从事专项工作而提供所需知识和技能的培训。培训内容、时间和方式应视专项工作需要确定；其他培训。

198 干部教育培训的要求有哪些？

省部级、厅局级、县处级党政领导干部应当每5年参加党校、行政学院、干部学院，以及干部教育培训管理部门认可的其他培训机构累计 3 个月或者 550 学时以上的培训。提拔担任领导职务的，确因特殊情况在提任前未达到教育培训要求的，应当在提任后 1 年内完成培训。干部教育培训管理部门应当作出规划，统筹安排。其他干部参加教育培训的时间，根据有关规定和工作需要确定，每年累计不少于 12 天或者 90 学时。

干部必须严格遵守教育培训的规章制度，严格遵守学习培训和廉洁自律各项规定，完成规定的教育培训任务。干部因故未按规定参加教育培训或者未达到教育培训要求的，应当及时补训。干部教育培训考核不合格的，年度考核不得确定为优秀等次。对无正当理由不参加教育培训的，给予批评教育直至组织处理。干部弄虚作假获取培训经历、学历或者学位的，按照有关规定严肃处理。

199 干部教育培训包括哪些内容?

干部教育培训坚持以理想信念、党性修养、政治理论、政策法规、道德品行教育培训为重点，并注重业务知识、科学人文素养等方面教育培训，全面提高干部素质和能力。

政治理论教育重点开展马克思列宁主义、毛泽东思想、邓小平理论、“三个代表”重要思想、科学发展观和习近平新时代中国特色社会主义思想教育培训，加强党的路线方针政策、社会主义核心价值观、党史国史、国情形势等教育培训，引导干部坚定共产主义远大理想和中国特色社会主义共同理想，增强中国特色社会主义道路自信、理论自信、制度自信、文化自信，提高运用马克思主义立场、观点、方法分析解决实际问题的能力，增强领导改革开放和社会主义现代化建设的本领。

对党员干部，必须加强党性教育，重点开展党章、党的宗旨、党规党纪、党的优良传统、党风廉政建设等教育培训，引导党员干部增强党的意识、宗旨意识、执政意识、大局意识、责任意识、规矩意识，做到对党忠诚、个人干净、敢于担当。对党外干部，也应当根据其特点，开展相应的政治理论教育。

政策法规教育重点加强宪法法律和党内法规教育，开展党中央关于经济建设、政治建设、文化建设、社会建设、生态文明建设和党的建设等方面重大决策部署的培训，提高干部科学执政、民主执政、依法执政水平。开展总体国家安全观教育，增强干部国家安全意识和推进国家安全建设的本领。

业务知识培训应当根据干部岗位特点和工作要求，有针对性地开展履行岗位职责所必备知识的培训，加强各种新知识新技能的教育培训，帮助干部提高专业素养和实际工作能力。

科学人文素养教育应当按照提高干部综合素质的要求，开展哲学、历史、科技、文学、艺术和军事、外交、民族、宗教、保密、心理健康等方面教育培训，帮助干部加快知识更新、优化知识结构、拓宽眼界视野。

200 干部教育培训如何开展？

干部教育培训以脱产培训、党委（党组）中心组学习、网络培训、在职自学等方式进行。（1）脱产培训以组织调训为主。干部教育培训管理部门负责制订干部调训计划，选调干部参加脱产培训，对重要岗位的干部可以实行点名调训。干部所在单位按照计划完成调训任务。干部必须服从组织调训。（2）坚持和完善党委（党组）中心组学习制度。中心组学习应当以党的理论和路线方针政策为基本内容，在自学和调研基础上保证每个季度不少于1次集体学习研讨。（3）完善网络培训制度，建立兼容、开放、共享、规范的干部网络培训体系。通过应用信息科技和互联网技术进行内容传播和快速学习的方法，提高干部教育培训教学和管理信息化水平，用好大数据、“互联网+”等技术手段。（4）建立健全干部在职自学制度。干部有效利用工作之余和业余时间加强学习。干部所在单位应当支持鼓励干部在职自学，并提供必要条件。

201 如何进行干部教育培训的考核？

干部参加干部教育培训需要进行考核，干部接受教育培训的情况应当作为干部考核的内容和任职、晋升的重要依据。干部教育培训考核的内容包括干部的学习态度和表现，理论、知识掌握程度，党性修养和作风养成情况，以及解决实际问题的能力等。

干部教育培训考核应当区分不同教育培训方式分别实施。脱产培训的考核，由主办单位和干部教育培训机构实施；网络培训和境外培训的考核，由主办单位和干部所在单位实施。干部教育培训实行登记管理。各级干部教育培训主管部门和干部所在单位应当按照干部管理权限，建立完善干部教育培训档案，如实记载干部参加教育培训情况和考核结果。建立健全跟班管理制度，加强对干部学习培训的考核与监督。

202 对领导干部问责的情形包括哪些？

对领导干部的问责是指，即使领导干部不触犯党纪国法，但在其责任范围内，职务范围内，出了问题就要承担责任。根据《关于实行党政领导干部问责的暂行规定》第五条的规定，有下列情形之一的，对党政领导干部实行问责：（1）决策严重失误，造成重大损失或者恶劣影响的；（2）因工作失职，致使本地区、本部门、本系统或者本单位发生特别重大事故、事件、案件，或者在较短时间内连续发生重大事故、事件、案件，造成重大损失或者恶劣影响的；（3）政府职能部门管理、监督不力，在其职责范围内发生特别重大事故、事件、案件，或者在较短时间内连续发生重大事故、事件、案件，造成重大损失或者恶劣影响的；（4）在行政活动中滥用职权，强令、授意实施违法行政行为，或者不作为，引发群体性事件或者其他重大事件的；（5）对群体性、突发性事件处置失当，导致事态恶化，造成恶劣影响的；（6）违反干部选拔任用工作有关规定，导致用人失察、失误，造成恶劣影响的；（7）其他给国家利益、人民生命财产、公共财产造成重大损失或者恶劣影响等失职行为的。

根据《推进领导干部能上能下若干规定（试行）》第七条的规定，除《关于实行党政领导干部问责的暂行规定》第五条所列情形外，具有下列情形之一的，也应当对有关领导干部实行问责：（1）落实从严治党责任不力，贯彻党风廉政建设责任制不到位，本地区本部门本单位或者分管领域在较短时间内连续出现违纪违法问题的；（2）法治观念淡薄，不依法办事，不按法定程序决策，或者依法应当及时作出决策但久拖不决，造成不良影响和后果的；（3）抓作风建设不力，本地区本部门本单位或者分管领域形式主义、官僚主义、享乐主义和奢靡之风比较突出的;(4)在干部选拔任用工作中任人唯亲、营私舞弊，本地区本部门本单位或者分管领域用人上不正之风比较突出的;(5)对配偶、子女及其配偶和身边工作人员教育管理不严、约束不力，甚至默许其利用自身职权或者职务上的影响谋取不正当利益的。

根据《中国共产党问责条例》第六条的规定，党组织和党的领导干部违反党章和其他党内法规，不履行或者不正确履行职责，有下列情形之一的，应当予以问责:(1)党的领导弱化，党的理论和路线方针政策、党中央的决策部署没有得到有效贯彻落实，在推进经济建设、政治建设、文化建设、社会建设、生态文明建设中，或者在处置本地区本部门本单位发生的重大问题中领导不力，出现重大失误，给党的事业和人民利益造成严重损失，产生恶劣影响的;(2)党的建设缺失，党内政治生活不正常，组织生活不健全，党组织软弱涣散，党性教育特别是理想信念宗旨教育薄弱，中央八项规定精神不落实，作风建设流于形式，干部选拔任用工作中问题突出，党内和群众反映强烈，损害党的形象，削弱党执政的政治基础的;(3)全面从严治党不力，主体责任、监督责任落实不到位，管党治党失之于宽松软，好人主义盛行、搞一团和气，不负责、不担当，党内监督乏力，该发现的问题没有发现，发现问题不报告不处置、不整改不问责，造成严重后果的;(4)维护党的政治纪律、组织纪律、廉洁纪律、群众纪律、工作纪律、生活纪律不力，导致违规违纪行为多发，特别是维护政治纪律和政治规矩失职，管辖范围内有令不行、有禁不止，团团伙伙、拉帮结派问题严重，造成恶劣影响的；（5）推进党风廉政建设和反腐败工作不坚决、不扎实，管辖范围内腐败蔓延势头没有得到有效遏制，损害群众利益的不正之风和腐败问题突出的；（6）其他应当问责的失职失责情形。

203 对不适宜担任现职的干部，应当进行调整的情况有哪些？

干部不适宜担任现职，主要指干部的德、能、勤、绩、廉与所任职务要求不符，不宜在现岗位继续任职。干部具有下列情形之一，经组织提醒、教育或者函询、诫勉没有改正，被认定为不适宜担任现职的，必须及时予以调整：（1）不严格遵守党的政治纪律和政治规矩，不坚决执行党的基本路线和各项方针政策，不能在思想上、政治上、行动上同党中央保持高度一致的；（2）理想信念动摇，在重大原则问题上立场不坚定，关键时刻经不住考验的；（3）违背党的民主集中制原则，独断专行或者软弱涣散，拒不执行或者擅自改变党组织作出的决定，在领导班子中闹无原则纠纷的；（4）组织观念淡薄，不执行重要情况请示报告制度，或者个人有关事项不如实填报甚至隐瞒不报的；（5）违背中央八项规定精神，不严格遵守廉洁从政有关规定的；（6）不敢担当、不负责任，为官不为、庸懒散拖，干部群众意见较大的；（7）不能有效履行职责、按要求完成工作任务，单位工作或者分管工作处于落后状态，或者出现较大失误的；（8）品行不端，违背社会公德、职业道德、家庭伦理道德，造成不良影响的；（9）配偶已移居国（境）外，或者没有配偶但子女均已移居国（境）外，不适宜担任其所任职务的；（10）其他不适宜担任现职的情形。

图书在版编目（CIP）数据

法律百科．干部必知法律常识 / 赵琳著．—北京：中国法制出版社，2019.8

ISBN 978-7-5216-0021-6

Ⅰ．①法…　Ⅱ．①赵…　Ⅲ．①法律－中国－问题解答　Ⅳ．① D920.5

中国版本图书馆 CIP 数据核字（2019）第 023499 号

责任编辑：王佩琳（wangpeilin@zgfzs.com）　　封面设计：李宁

法律百科：干部必知法律常识

FALÜ BAIKE：GANBU BIZHI FALÜ CHANGSHI

著者 / 赵琳

经销 / 新华书店

印刷 / 三河市紫恒印装有限公司

开本 / 880 毫米 ×1230 毫米　32 开　　印张 / 8.25　字数 / 149 千

版次 / 2019 年 8 月第 1 版　　2019 年 8 月第 1 次印刷

中国法制出版社出版

书号 ISBN 978-7-5216-0021-6　　定价：32.00 元

北京西单横二条 2 号　邮政编码 100031　　传真：010-66031119

网址：http://www.zgfzs.com　　**编辑部电话：010-66038139**

市场营销部电话：010-66033393　　**邮购部电话：010-66033288**

（如有印装质量问题，请与本社印务部联系调换。电话：010-66032926）